좌파가 장악한 대한민국

좌파가 장악한 대한민국

초판 4쇄 _ 2019년 9월 23일

지은이 _ 김세의
발행인 _ 김세의
편집인 _ 정은이

주소 _ 서울시 강남구 압구정로 12길 42(신사동)
홈페이지 _ www.hoverlab2018.com
ISBN _ 979-11-966619-1-5 03340

좌파가 장악한 대한민국

김세의

가로세로연구소

차례

저자 소개 006

0. 책을 시작하며
0-1. 첨예한 좌우 대결이 펼쳐지는 대한민국 012

1. 왜 반미주의인가?
1-1. 왜 반미주의인가? 020
1-2. 대한민국에 침투했던 북한 세력 022
1-3. 대한민국 국군에도 침투했던 북한 좌익 세력 024
1-4. 좌파에게 반미와 함께 반일도 중요한 이유 026
1-5. 문재인 정부의 이승만 지우기 시도 034

2. 대한민국의 핵심 반미세력 386 세대
2-1. 광주에서 시작된 반미 운동 040
2-2. 1987년 6월 항쟁과 NL 042
2-3. NL의 공포를 제대로 보여준 사건 051

3. 주요 반미 운동 사례 소개
3-1. 주한 미국 대사관저 테러 사건 056
3-2. 김대중의 당선과 386의 본격 활동 058
3-3. 노근리 사건과 주한미군, 그리고 영화 '괴물' 060
3-4. 안톤 오노와 반미 운동 062
3-5. 최악의 교통사고 그리고 촛불집회 064
3-6. 연평해전 무관심? 정치적 의도 논란 068
3-7. 미국산 소고기 반대 집회 072
3-8. 마크 리퍼트 미국 대사 피습 사건 079

4. 문재인 정부의 반미주의자 현황
4-1. 전대협은 과연 어떤 곳인가? 082
4-2. 전대협(NL계열) 출신 정치인 084
4-3. 비전대협(PD계열) 출신 정치인 091
4-4. 좌파 정부와 보조를 맞추는 민변 094

5. 대한민국 언론의 현황

5-1.	언론노조의 탄생 과정	098
5-2.	언론노조의 편향성	111
5-3.	언론노조의 구성	119
5-4.	네이버의 좌편향성	122
5-5.	여론조작의 실체를 보여준 드루킹 사건	125
5-6.	네이버를 뉴스 편집에서 떼어낸 중대 사건	131
5-7.	민주노총에 가입한 네이버	136
5-8.	다음 출신 청와대 비서관 그리고 MBC 보도국장	138
5-9.	KBS와 MBC 사장 선임 그리고 언론노조	140
5-10.	더불어민주당 '방송장악 문건'	146
5-11.	MBC에서 드러난 사찰과 탄압	148

6. 민주노총에 장악된 대한민국 언론 사례 모음

6-1.	촛불집회는 확대, 태극기집회는 축소 보도	156
6-2.	주최 측과 경찰 추산 인원 원칙 무너져	162
6-3.	주한미대사관도 촛불집회에 끌어들이려는 언론 행태	166
6-4.	북한 인권 외면하는 대한민국 언론	168
6-5.	도를 넘은 김정은 찬양	173
6-6.	북한 찬양 기사는 평창올림픽부터 본격화	176
6-7.	눈꼴 사나운 김여정 추켜세우기	178
6-8.	천안함 폭침 관련 북한 입장 대변한 언론	183
6-9.	연평해전은 어민 때문이라는 언론	192
6-10.	미군 사드 선동의 주역 JTBC	198
6-11.	'미국 잘못' 주장하는 북한 편드는 언론	211
6-12.	'북한은 원수'라는 표현이 불편한 MBC	214
6-13.	펜스 미국 부통령을 무례한 사람으로 몰아간 언론들	217

7. 뉴미디어 시대를 찾아서

7-1.	트럼프의 '가짜뉴스와의 전쟁'	220
7-2.	대항 노조 설립의 필요성	223
7-3.	대한민국 대안언론 상황	226
7-4.	보수 진보 프레임에서 벗어나야	231

8. 마무리하며   238

대한민국 사람들은 겸손함을 미덕으로 생각한다. 그리고 누군가가 어떠한 호의를 주려고 하면 일단 사양을 한번 이상은 해야 예의를 지킨다는 생각을 갖고 있다. 그래서 종종 오해를 사기도 한다. 물론 서양식 생활방식이 많이 도입된 현재는 이런 부분이 많이 줄었다고는 하지만, 그래도 자기PR에는 대부분이 약한 게 사실이다.

일단 나는 기자로서 다른 기자들에 비해 겪어본 일이 좀 더 있다고 자랑할 수 있다. 첫째로 나는 법원으로부터 징역 1년형이라는 중형을 선고받은 적이 있다. 참으로 재미있는 경험이었다. 물론 당시에는 심적으로 편하지는 않았다. 2007년 2월 6일 나는 충청남도 계룡시에 위치한 삼군본부를 고발하는 리포트를 했다. 삼군본부는 육군, 해군, 공군의 참모총장이 있는 사실상 대한민국 군의 심장부이다. 대한민국의 펜타곤이 바로 삼군본부이다. 건물 모습 역시 펜타곤과 비슷한 형태인데, 조금 다른 점은 오각형이 아니라 팔각형이다. 따라서 미국식으로 말하면 옥타곤이 될 수도 있겠다. 서울시 용산구에 있는 국방부가 국방부장관이 있는 군의 행정 중

저자 소개

심지라고 한다면, 충남 계룡시에 있는 삼군본부는 군의 작전 중심지이다.

　나는 MBC에서 단독 보도로 이렇게 중요하고 보안이 철저해야 하는 삼군본부에 룸살롱이 17년째 운영되고 있다는 고발을 했다. 그 다음날에도 연속 보도를 할 정도로 뉴스는 큰 파급력을 보였다. 내가 이런 뉴스를 취재할 수 있었던 것은 삼군본부에서 군복무를 했기 때문이다. 나는 공군 공보담당 병장으로 군복무를 마쳤는데, 내 동료들이 계룡대 내에 있는 룸살롱에서 웨이터 등으로 근무를 했었다. 대한민국 군의 심장부에 룸살롱이 있다는 사실, 민간인인 여성 접대부가 군인들과 함께 술 마시고 노래하는 상황 자체도 놀랍지만, 국방의 의무로 군에 복무한 병사들이 그 룸살롱에서 웨이터 일을 했다는 것 역시 참담했다. 너무나도 황당한 일이었기 때문에 언젠가 기자가 된다면 반드시 이 문제를 고발하겠다고 결심을 했고, 그 결심을 이뤄냈던 것이다. 그리고 고발 보도가 나간 뒤, 노무현 정부는 강경한 태도를 보였다. 그런데 그 강경한 태도가 군에 대해서가 아니고 언론사 기자에 대해서였다. 곧바로 군 검찰은 나에 대해 초소침범죄와 군사기밀유출죄 혐의로 기소했다. 이후 재판과정에서 군사기밀유출죄는 스스로도 창피했는지 없앴던 것으로 보인다. 결국 2008년 4월 24일 군사법원은 나에게 징역 1년에 집행유예 2년을 선고했다. 한국기자협회와 방송기자연합회, MBC 기자회가 모두 나서서 성명서를 내며 즉각 반발했고, 네티즌들은 김세의 기자 무죄 청원 운동까지 벌였다. 결국 나는 대법원까지 가는 법정싸움 끝에 2009년 1월 30일 징역 1년에 선고유예 2년을 최종 확정 판결받았다. 대한민국 기자 중에 취재와 관련해서 징역 1년형이라는 중형을 당당히 받은 기자가 과연 몇 명이나 될까? 아마 현재까지는 없는 것으로 판단된다.

둘째로 북한 평양에 취재를 간 몇 명 안 되는 기자이다. 2005년 10월 12일, 노무현 정부 시절, 나는 중국 심양에서 그 유명한 고려항공을 타고 북한 평양에 들어갔다. 3박 4일간 평양에서 있었던 경험은 나에게 큰 재산이 됐다. 이산가족 상봉이 이뤄지는 금강산을 취재하거나, 개성공단이 있는 개성에 가는 기자들은 어느 정도 있었지만, 대한민국 기자로서 북한 평양에 가서 취재를 한 것은 정말 드문 경우였다. 이는 김정일이 '아리랑 축전'이라는 대규모 집단지도체조를 열어 대한민국 사람들을 끌어 모았기 때문이다. 대한민국 사람들은 1인당 수백만 원을 북한에 줘야 평양 출입이 가능했다.

평양은 매우 통제된 사회이다. 사실 평양에 사는 사람들 자체가 큰 혜택을 받는 계층 사람들이다. 그럼에도 불구하고 대한민국 사람들의 생활 여건과는 비교도 안됐다. 전형적인 후진국가의 모습처럼 뇌물을 받는 공무원들도 볼 수 있었다. 우리 취재진을 담당하는 국가안전보위부 소속 사람이 몇 명 있었는데, 항상 우리가 평양 시내를 취재할 때 옆을 다니면서 감시를 했다. 국가안전보위부는 대한민국으로 치면 국가안전기획부이다. 우리는 취재과정에서 평양 시민을 몰래 인터뷰할 수 있었는데, 이들은 의외로 대한민국 사람들이 '아리랑 축전'을 보기 위해 오고 있다는 사실도 몰랐다. 얼마나 통제된 사회인가를 알 수 있는 대목이었다. 보위부 요원들이 이 부분을 문제 삼으려고 했는데, 우리는 5백유로 정도를 주고 일을 무마할 수 있었다. 정말 귀중한 인터뷰였지만, 당시 MBC 보도국에서는 남북관계에 악영향을 줄까 우려해서인지 해당 인터뷰를 빼도록 했다.

셋째로 노조를 직접 설립한 기자이다. 나는 2013년 3월 6일에 MBC

저자 소개

노동조합을 설립했다. 그동안 MBC에는 민주노총 산하 언론노조 이외에는 다른 노조가 존재하지 않았다. 나는 2004년 12월에 MBC에 입사했다. 신입사원 연수원에서 언론노조 간부들이 노조를 소개하며 노조 가입을 독려했다. 연수가 끝난 이후, 모든 신입사원들은 언론노조에 가입을 했다. 그리고 이후에 자세하게 이야기하겠지만, MBC를 다니는 동안 수많은 파업을 경험했다. 노조원들의 복지향상을 위한 파업은 단 한 차례도 없었다. 오직 정치적인 사안의 파업뿐이었다. 심지어 2012년에는 무려 170일 동안이나 파업이 벌어졌고, 수많은 노조원들은 몇몇 노조간부들의 정치적인 주장에 이끌려 다니면서 큰 고통을 겪어야만 했다. 170일은 거의 7개월에 가까운 긴 시간인데, 이 기간 동안 1천명이 넘는 노조원들, 즉, MBC 직원들은 단 한 푼의 월급도 받지 못하고 힘겨운 삶을 살았다. 나는 대한민국 언론사에서 이 같은 획일성이 있어서는 안 된다고 판단했다. 그래서 언론노조의 비난을 무릅쓰고 노조를 만들기로 한 것이다. 당시에 나는 차장도 아닌 사원 신분이었다. 연공서열이 중요시되는 대한민국 언론 현실에서는 말도 안 되는 일이었다. 그래서 나는 선배 기자에게 노조위원장직을 맡아줄 것을 부탁하며 다녔다. 하지만 노조에는 가입할 수 있어도 위원장은 못하겠다는 사람들이 대부분이었다. 그래서 어쩔 수 없이 십자가를 직접 지겠다는 심정으로 노조를 설립했고, 노조위원장까지 했던 것이다. 그리고 그 이후에도 노조위원장으로 나서겠다는 사람을 찾지 못해서 무려 4년 6개월 동안이나 노조위원장을 했다. 이는 내 인생의 큰 경험이었다.

그리고 내가 직접 말하기 좀 부끄럽지만, 그래도 기록상의 의미가 있기 때문에 말하겠다. 2018년 1월 28일 중앙일보 보도에 따르면, 2017년 대통령 선거에서 자유한국당 홍준표 후보를 지지했던 사람들이 가장 좋아한 유명인 페이지 1위의 주인공이 바로 김세의였다. 김세의의 뒤를 이은 2위는 벤쿠버 올림픽 금메달리스트인 피겨스케이팅 스타 김연아였다. 3위는 혜민스님, 4위는 JTBC 사장 손석희였고, 5위가 바로 빌 게이츠였다. 대한민국 최고 과학기술인재를 뽑는 카이스트의 문화기술대학원 이원재 교수 연구팀은 사회관계망 분석 기법을 통해 페이스북 내 정치 지형을 심층 분석했다. 연구팀은 문재인 지지자와 안철수 지지자, 유승민 지지자와 심상정 지지자에게서는 정치인과 유명인을 좋아하는데 있어서 큰 차이가 없었는데, 홍준표를 지지하는 사람들 사이에서는 큰 차이를 보였다고 밝혔다. 특히 '유명인'이라는 섹션에서 김연아나 손석희, 그리고 빌 게이츠와는 비교도 안 되는 김세의가 1위가 되는 다소 엉뚱한 상황이 연출됐다. 중앙일보는 친절하게 김세의는 MBC기자라는 설명까지 넣었다. 일반 대중에게는 김세의가 잘 알려지지 않은 사람일 수 있지만, 특정 정치 성향을 가진 사람들에게는 그렇지 않았다. 페이스북이라는 새로운 매체를 통해 새로운 인물이 등장할 수 있음을 보여주는 대목이다. 바로 이 부분이 내가 이 책을 쓸 수 있게 된 계기가 됐다. 대한민국은 물론, 세계의 미디어 환경은 급속도로 변화하고 있다. 앞으로 SNS 등 달라진 미디어환경을 통해 남들이 잘 몰랐던 새로운 스타가 등장할 수도 있고, 새로운 매체가 큰 영향력을 발휘할 수 있음을 인식해야만 한다.

태극기집회에 등장한
대형 성조기

아마도 이스라엘 국기의 등장은 미국 트럼프 대통령을 비롯한 미국 정부에 대한 우파 시위대의 마음을 보여주기 위한 것이 아닐까 생각된다. 미국 트럼프 대통령은 국제적인 반발에도 불구하고 이스라엘의 수도로 예루살렘을 공식 인정했다. 그 후부터 대한민국 우파 진영의 태극기집회에서 성조기와 함께 항상 등장하는 국기가 이스라엘 국기가 됐다. 다소 뜬금없을 수 있지만, 한번 짚어볼 필요가 있다.

물론 일각에서는 이에 대한 비판의 목소리도 있다. 대한민국의 문제에 대한 입장을 밝히는 시위 현장에서 성조기가 왜 등장해야 하냐고 말이다. 외세에 의지하는 모습은 바람직하지 못하다는 비판도 적지 않다. 나 역시도 이 부분에 대해서는 약간의 비판적인 입장이 있다. 대한민국 내부에서 해결해야 할 문제인데, 굳이 다른 나라 국기까지 끌어들여야 하냐는 측면에서 말이다. 하지만 우파 진영에게 미국이 얼마나 큰 의미인지 분명히 보여준다는 측면 역시 충분히 들여다 볼 필요도 있다.

우파는 왜 미국과의 관계를 중요하게 인식할까? 이는 반대로 생각해 볼 필요가 있다. 좌파는 왜 반미를 내세우는 경우가 많을까?

0. 책을 시작하며

태극기집회에 등장한
이스라엘 국기

　대한민국 좌파들 중에는 왜 반미주의자가 많은가를 알아보기에 앞서 우리나라가 왜 북한처럼 사회주의 국가가 되지 않고, 자유민주주의, 자본주의 국가가 될 수 있었는가에 대한 이해가 필요하다. 이는 미국을 포함한 수많은 우방국들의 도움 덕분이다. 특히 미국은 대한민국이 공산화되지 않도록 하기 위해 귀중한 미국인들의 목숨을 기꺼이 희생하였다. 미국 워싱턴 DC에 가면 한국전쟁 기념비가 있다. 한국인 단체 관광객들은 대부분 바로 앞에 있는 링컨 기념관 앞에서 사진을 찍고 다음 장소로 이동할 수도 있겠지만, 한국 사람들은 이곳에 반드시 와서 감사의 인사를 올려야 한다고 생각한다. 그곳에는 이런 감동적인 글이 써있다. "자유는 공짜가 아니다."

　너무나 훌륭한 말이다. 미국의 아까운 청춘들이 머나먼 아시아의 작은 나라의 자유를 지키기 위해 목숨을 바쳤다. 그렇기에 대한민국은 지금의 성장을 이뤘다.

　한국전쟁으로 인한 미군 전사자는 3만 6천 516명, 부상자는 10만 3천 248명, 실종자는 8천 177명에 이른다. 영국과 캐나다, 오스트레일리아

워싱턴에 있는
한국전쟁 기념비

와 터키, 프랑스 등에서도 아까운 청년들이 한국전쟁에서 목숨을 잃었다. 미군을 포함해 유엔군 전사자는 5만 8천여 명, 부상자는 15만여 명에 달했다. 한국군 전사자는 13만 8천여 명, 부상자는 10만 3천 248명에 이르는 것으로 나타났다. 미군과 유엔군의 노력과 희생으로 지금의 대한민국이 있는 것이다. 이 점은 우리가 절대로 잊어서는 안 된다. 반미주의자들은 이들의 희생까지도 미국 정부의 이득을 위해 수많은 사람들이 희생됐다고 폄하한다. 도저히 용납할 수 없는 말이다.

남과 북이 대치하고 있는 특수상황에서 강력한 우방국인 미국의 존재는 한국 국민들의 안전을 지키는데 있어서 중요한 부분을 차지하고 있다. 그런데 역설적이게도 대한민국에는 어느 나라 못지않게 수많은 반미주의자들이 가득하다. 게다가 이들이 대한민국 정치의 주류 세력을 상당부분 차지하고 있다. 도대체 무슨 이유로 반미주의자들이 대한민국의 주류 세력으로까지 성장했을까? 먼저 대한민국 반미주의가 어느 정도까지 심각한지 몇 가지 사례를 살펴보도록 하자.

0. 책을 시작하며

지난 2008년 4월 5일 조선일보에 나온 기사는 많은 사람들을 충격에 빠지게 했다. 김충배 전 육군사관학교 교장이 2004년 1월에 육사 합격생 250명을 대상으로 설문조사를 했다. 질문은 바로 '우리의 주적(主敵)은 누구냐?'였다. 대한민국 국민 대다수는 우리의 주적은 북한이라는 교육을 오랜 기간 받아왔다. 그런데 결과는 충격적이었다. 무려 34%에 달하는 육군사관학교 합격생들은 우리의 주적은 미국이라고 답하며 가장 많은 비율을 기록했다. 그리고 2위에 해당하는 33%의 육사 합격생들은 북한이라고 답했다. 우리의 주적 1위가 미국, 2위가 북한으로 나온 것이다. 육군사관학교는 말 그대로 육군 장교를 양성하는 곳이고, 이들은 육군의 엘리트 장교로서 군의 핵심 역할을 수행해나가게 된다.

같은 2004년 국방부가 실시한 입대 장병 의식조사에서는 무려 75%의 장병이 반미 감정을 드러냈다. 또 자유민주주의가 공산주의에 비해 우월하다고 답한 장병은 36%에 불과했다. 왜 이런 결과가 나왔을까? 그건 바로 2000년대 초반에 대한민국의 정권을 어느 쪽이 잡았고, 어떠한 사건

반미집회

들이 일어났는지를 보면 쉽게 파악할 수 있다.

2020년을 바라보는 현재에 갑자기 옛날이야기를 하느냐고 말할 수도 있을 것이다. 하지만 전혀 그렇지 않다. 1998년부터 2008년까지 대한민국은 김대중과 노무현이라는 좌파 정부가 권력을 잡았던 시기라는 점을 주목해야만 한다. 그리고 이명박 대통령의 뒤를 이은 박근혜 대통령이 임기를 다 마치지 못하고 탄핵을 당했기 때문에 10년이 아닌 9년간 우파 정부가 권력을 잡았다. 그 이후 2017년부터 또다시 문재인 대통령의 좌파 정부가 들어섰기 때문에 이 부분은 현재와 반드시 이어지는 측면이 있다.

1.
왜 반미주의인가?

른 것이었다. 1950년 6월 28일 당시 대한민국 국군 병력은 2만 5천명에 불과했지만, 지리산에서 빨치산 활동을 벌인 좌익의 숫자는 최소 2만 명에서 최대 6만 명으로 추정되고 있다. 북한이 얼마나 치밀하게 한국전쟁을 준비했는가를 보여주는 대목이다.

1-3.
대한민국 국군에도 침투했던 북한 좌익 세력

북한은 더 무서운 방식으로 대한민국을 위협하고 있었다. 일본으로부터 독립하게 된 대한민국을 신탁통치했던 미군정은 대한민국 국군을 모집할 때, 신체검사와 구두시험만으로 합격자를 선발했다. 보다 자세한 신원조사가 이뤄지지 않은 탓에 북한의 지령을 받는 좌익 세력들이 대한민국 국군에 침투하기가 쉬웠다.

잠깐 미국의 사례를 이야기하자면 2016년 5월 웨스트포인트 미국 육군사관학교 졸업식에서 미군 중위 스펜서 라폰은 체 게바라 티셔츠를 입고 공산주의를 옹호하는 메시지를 트위터에 올렸다. 자신의 신분을 속이는 일은 1940년대의 대한민국이나 2016년의 미국이나 마찬가지였던 것 같다.

결국 대한민국 국군에 침투한 북한 좌익 세력들은 1949년 3월 여수-순천 반란 사건을 일으켰다. 이 폭동에 직접 참가한 자들은 장교 326명, 사병 1170명 등 1496명에 달했고, 간접 가담자까지 무려 4749명의 좌익을 잡아내게 됐다. 이 과정에서 몇몇 폭동 가담자들은 사형되기도 했다.

1. 왜 반미주의인가?

바로 이 폭동 사건이 벌어진 직후인 1949년 5월 4일 국방경비대 소속 대대장 신분이었던 표무원 소령과 강태무 소령은 각각의 대대원들을 이끌고 북한으로 도망치는 이른바 '월북'을 저질렀다. 순식간에 2개 대대병력이 대한민국 국군에서 북한군으로 편입되는 황당하고 대담한 일까지 벌어진 것이다. 표무원은 대한민국 국군 대대병력 450명을 북한군으로 만든 뒤, 이후 북한군 중장까지 진급했다. 강태무는 대대병력 300명을 이끌고 북한군이 된 뒤 이후 소장까지 진급했다.

이처럼 북한의 도발과 위협이 점차 현실로 확대되는 상황에서 1950년 6월 23일 대한민국 국군은 뜬금없이 경계강화 조치를 해제하고 전 장병들에게 외출과 휴가를 허용했다. 그 결과 대한민국 국군 장병의 1/3이 부대를 벗어났다. 단순히 무능한 지휘관을 탓할 문제로만 생각해서는 안 될 부분이다. 충분히 의심스러운 대목이다. 이미 대한민국 국군에는 북한 좌익 세력이 깊숙이 침투한 상태였다. 1950년 6월 25일 새벽 4시, 드디어 북한은 암호명 '폭풍'이라는 기습 작전으로 대한민국을 침략했다. 무려 19만 8천여 명의 군사를 이끌고 말이다. 그런데 대한민국 육군참모총장인 채병덕은 자느라 이 소식을 늦게 알게 됐다고 한다. 육군참모총장 관사에는 나최광 중위가 총장의 부관으로 있었다. 북한이 남침을 시작하자 강원도 춘천의 임부택 중령이 급하게 채병덕 총장에게 전화를 걸었는데, 나최광 중위가 총장이 잠을 자고 있기 때문에 전화를 바꿔주지 않았다는 것이다. 나최광 중위는 한국전쟁이 시작되자 실종됐으며, 국군장교 명단에도 나최광이라는 이름은 없었다고 한다. 1분 1초가 급한 상황이었다. 나최광의 정체는 충분히 의심을 살 만 하다.

1-4.
좌파에게 반미와 함께 반일도 중요한 이유

　반미는 좌파의 복잡다단한 사상을 설명하기 어려울 때 가장 쉽게 사람을 끌어오기 쉬운 수단이다. 누군가에 대한 분노를 이용하는 것, 그리고 누군가를 적으로 인식하면서 내 옆에 있는 사람과 동질감을 갖는 것. 이처럼 쉬운 방법이 또 있을까? 심양섭의 '반미를 해부한다'에 따르면, '386 세대'의 이념은 바로 '좌파 민족주의'라고 말할 수 있다. 좌파 민족주의 학자로 강만길을 꼽을 수 있는데, 강만길은 친일세력과 분단세력, 냉전세력을 하나로 보고 있으며 '좌파는 민족해방세력' 그리고 '우파는 분단세력'으로 양분하고 있다. 결국 좌파는 민족을 바탕으로 북한과 대한민국은 하나로 뭉쳐야 하며, 미국은 한반도의 적이라는 개념을 심으려고 한다는 것이다.

　이와 함께 반미와 반일은 대한민국 정부의 정통성을 깨는 데에도 역할을 한다는 점에서 좌파들이 자주 사용하게 된다. 다들 알다시피 북한은 소련이 신탁통치를 했고, 대한민국은 미국이 신탁통치를 했다. 좌파들은 미국이 대한민국 우파 정부에 큰 도움을 줬다고 생각하면서 남북 관계를 막는 주범이 바로 미국이라고 한다. 아울러 북한에 맞서는데 도움을 줄 수 있는 일본에 대해서도 적대감을 갖도록 반일감정을 이용한다.

특히 대한민국 건국의 아버지인 이승만을 비난하면서 대한민국 정부의 정통성을 깨기 위해서도 반일감정이 이용되기도 한다. 1948년 10월 12일 대한민국 정부는 반민족행위특별조사위원회를 만들었다. 일제강점기 36년간 자행된 친일파의 반민족행위를 처벌하기 위한 기구였다. 하지만 친일파 여부를 가리는 과정에서 대한민국 내부 갈등은 증폭될 수밖에 없었다. 이미 미군의 신탁통치 과정에서 미군정은 북한의 공산세력이 확대되는 것을 우려했고, 조속히 대한민국 정부가 수립되고 안정화될 수 있도록 지난 36년간 정부 운영 경험이 있었던 친일파들을 대거 등용했다. 대한민국 정부의 운영을 위한 요직에 친일파들이 활동하는 상황에서 이승만 대통령은 체제 안정을 우선시하는 선택을 할 수 밖에 없었을 것으로 판단된다. 이 때문에 반민특위는 제대로 된 성과를 이뤄내지 못한 채 활동을 종료하게 됐다. 북한을 비롯해 좌파들은 이를 가지고 대한민국 정부에 대해 친일파를 숙청하지 못한 정부라며 정통성을 훼손하는 주장을 펼치고 있다. 하지만 김일성의 친동생인 김영주는 일제시절 헌병보조원으로 친일 활동을 했는데도 부주석의 자리에 올랐다. 북한 역시 친일청산을 떳떳하게 주장할 수 있는 위치는 아니다.

문제는 반일감정 역시 너무나 깊이 대한민국 국민들에게 퍼져있다는 점이다. 해마다 개봉하는 블록버스터급 대작 영화 중에는 일본과 싸우는 내용이 상당수를 차지한다. 2015년 7월 22일 대한민국에서는 '암살'이라는 영화가 개봉했다. 무려 1270만 명이 넘는 관객이 이 영화를 극장에서 봤다. 문제는 이 영화가 반일감정을 넣으면서 북한 인물을 독립운동가로

멋지게 묘사했다는 것이다. 이는 그동안 금기시 됐었다. 인기 배우 조승우가 연기한 김원봉이라는 인물은 영화 속에서 친일파를 숙청하기 위한 모든 계획을 지휘하는 멋진 독립투사로만 나온다. 실제로는 김원봉은 투철한 공산주의자로 1948년 북한으로 건너가 북한 최고인민회의 상임위원회 부위원장을 역임하기도 했다. 2015년 8월 23일 뉴데일리 기사에 따르면, 김원봉은 북한 내 서열 7위에 해당하는 국가검열위원장에 오르기까지 했으며, 6·25 한국전쟁에도 참여했다는 기록까지 있다고 한다. 과거에는 대한민국 독립을 위해 무장 투쟁을 한 독립투사였지만, 6·25 전쟁에서는 대한민국 국민들에게 총구를 겨눈 전범으로 전락했다는 것이다. 그런데 이 흥행대작 영화를 본 수많은 대한민국 국민들은 이 같은 사실은 모른 채 영화 속 내용만 보고, 김원봉이 아직까지도 대한민국에서 독립유공자 훈장을 못 받느냐며 불만을 표시하기도 했다. 영화를 통한 여론 변화는 정말로 무서운 일이다.

배우 조승우는 영화 '암살'에서 김원봉의 역할을 맡았다.

2012 런던 올림픽 한일전에서 이긴
박종우 선수의 독도 세리머니

코틀랜드가 힘을 합친 영국 단일팀을 최초로 만들었다. 이 때문에 영국뿐만 아니라 전 세계의 영국 단일팀에 대한 관심이 뜨거웠다. 그리고 대한민국은 2012년 8월 4일 8강전에서 영국을 만나 승부차기 끝에 극적인 승리를 거뒀다. 4강전에서 브라질에게 3대 0으로 패배한 대한민국은 2012년 8월 10일 동메달 결정전에 나가게 됐다. 대한민국 축구사상 첫 동메달 도전이었다. 그런데 하필 운명의 상대가 다름 아닌 일본이었다. 대한민국은 일본을 2대 0으로 꺾고 동메달을 차지하는 감격적인 순간을 맞이했다. 그리고 문제의 장면이 등장했다.

대한민국 대표팀 축구선수인 박종우가 '독도는 우리땅'이라고 적힌 종이를 들고 그라운드를 누볐다. 일본 축구대표팀 선수들이 '독도 분쟁' 대상인가? 왜 올림픽 경기에서 '독도는 우리땅'이라는 문구를 들고 그라운드를 누볐는가? 일본에 대한 막연한 적개심이 대한민국 국민들에게 얼마나 퍼져있는가를 보여주는 장면이었다. 결국 이 사건으로 인해 국제올림픽위원회 IOC는 박종우에 대한 동메달 수여를 보류하고 진상조사를 벌였다. 박종우의 세리머니 때문에 대표팀의 동메달이 박탈될지도 모른다는 걱정까지 퍼졌다. 대한민국 축구가 사상 첫 동메달을 획득하면서 그 어느 때보다도 축제 분위기가 되어야 할 상황이었지만, 박종우의 행위로 인해 대한민국 축구대표팀은 찬물을 뒤집어썼다.

1-5.
문재인 정부의 이승만 지우기 시도

2017년 12월 16일 문재인 대통령은 중국 충칭시에 있는 대한민국 임시정부 청사를 방문했다. 문 대통령은 백범 김구 선생의 흉상 앞에서 묵념을 한 뒤 독립유공자 후손들과 간담회를 가졌다. 이 자리에서 문 대통령은 이와 같이 말했다.

"임시정부는 대한민국의 뿌리이자 법통이다. 헌법에 대한민국이 임시정부의 법통을 계승한다고 명시했다. 임시정부 수립을 대한민국 건국의 시작으로 보고 있다."

"2019년은 3.1운동 100주년이면서 임시정부 수립 100주년이 되고, 그것은 곧 대한민국 건국 100주년이 된다."

문 대통령의 발언으로 대한민국은 또다시 건국절 논란이 불거졌다. 문 대통령의 주장대로라면 대한민국 건국의 아버지는 이승만이 아니게

1. 왜 반미주의인가?

이승만은 주로 미국에서, 김구는 주로 중국에서 독립운동을 했다.

된다. 이승만은 김구와 더불어 대표적인 대한민국 독립운동의 큰 어른이다. 김구가 주로 중국에서 독립운동을 했다면, 이승만은 주로 미국에서 독립운동을 했다.

　이승만은 1904년 11월, 대한민국의 독립을 청원하기 위해 미국으로 건너갔다가 조지워싱턴 대학교와 하버드 대학교를 거친 뒤, 프린스턴 대학교에서 국제정치학 박사 학위를 받았다. 이승만은 1919년 9월 6일 중국 상하이 임시정부의 임시 대통령으로 추대된 뒤, 1920년 12월부터 6개월간 임시정부 대통령직을 맡기도 했다. 1920년 5월부터는 다시 중국 상하이에서 미국으로 돌아가 한국의 독립을 위한 활동을 계속했다. 1945년 8월 15일 대한민국은 일본 제국으로부터 해방됐고, 이승만은 1948년 7월 24일 대통령에 취임했다. 이후 일제시대 36년 동안 일제에 협력했던 친일파 인사들을 처벌하기 위해 반민족행위자 특별조사위원회 즉, 반민특위 활동이 이어졌다. 대한민국 내에서 갈등이 심화되면서 이승만 대통령이 반민특위 활동을 사실상 막은 부분도 있다는 분석도 있다. 아울러 1950년

초대 대통령
이승만의 하야

6월 25일 한국전쟁이 발발했을 때 이승만 대통령은 미군 그리고 유엔군과 함께 북한과 중국에 강력히 맞서기도 했다. 특히 이승만은 1960년 3월 15일 선거에서 부정선거를 저질렀다가 4·19혁명으로 4월 26일에 대통령직에서 물러났다. 결국 이승만은 1960년 5월 29일 미국 하와이로 망명했다가 1965년 7월 19일 하와이 호놀룰루 요양원에서 쓸쓸히 사망했다. 여러 가지 복잡다단한 일들로 인해 이승만은 우파 진영에서는 대한민국 건국의 아버지이기도 하지만, 좌파 진영에서는 친일, 친미, 그리고 부정선거와 관련된 이슈로 끊임없이 공격을 받아왔다.

우파 진영은 이승만 대통령이 1948년 7월 24일 대통령에 취임한 뒤, 제헌국회를 세운 1948년 8월 15일이 바로 대한민국 건국일이라는 입장이다. 국가의 3요소인 국민, 영토, 주권을 모두 다 갖춘 때가 바로 1948년이기 때문이다. 반면 좌파 진영은 중국 상하이 임시정부가 수립된 1919년 4월 11일이 바로 대한민국 건국일이라는 주장을 하고 있다.

문재인 대통령은 2018년 7월 3일 또다시 '건국절 논란'에 불을 붙였

1. 왜 반미주의인가?

다. 문 대통령은 2018년 6월 23일 대한민국 대통령으로는 사상 최초로 월드컵 원정응원에 나섰다. 러시아 로스토프나도부라는 곳에서 한국 대 멕시코의 경기를 관람한 문 대통령은 6월 24일 밤에 대한민국에 돌아왔다. 그리고 문 대통령은 감기몸살에 시달렸다며 7월 1일까지 무려 7일 동안 어떠한 활동도 하지 않았다. 6월 25일 한국전쟁 68주년 행사, 6월 26일 유엔참전용사 추모식, 6월 29일 연평해전 16주기 추모식까지 모두 참석하지 않았다. 일각에서는 문 대통령이 북한과의 관계 때문에 눈치를 보느라 감기몸살 핑계를 댄 것이 아니냐는 의심까지 제기했다. 그리고 문 대통령이 처음으로 외부 공식행사에 참여한 것이 바로 7월 3일 '3·1운동 및 대한민국 임시정부 수립 100주년 기념사업추진위원회' 출범식 행사였다.

문 대통령은 기념사에서 "우리에게는 민주공화국 100년의 자랑스러운 역사가 있다"며 '임시정부가 대한민국의 뿌리'라고 강조했다. 이와 함께 2018년 3·1절 행사를 남북이 공동으로 추진하겠다고 밝혔다. 남북이 3·1절 100주년 기념행사를 할 수 있다고 해도 과연 이게 남과 북이 함께 '대한민국 건국 100주년' 주장으로 이어질지는 의문이다. 북한은 1948년

현 대한민국 대통령 문재인

역 대학생들이 불을 지른 것이다. 이들은 미국 정부가 광주학살을 용인했다고 주장했다. 이 사건으로 미국문화원 도서관에서 공부하던 동아대학교 학생 1명이 사망하고, 동아대학교 학생 3명이 다쳤다. 재미있는 점은 피의자들의 변호를 맡았던 사람이 바로 노무현과 문재인이다. 이 둘은 이 사건을 통해 훗날 정치 거목이 되는 계기를 마련했다.

2-2.
1987년 6월 항쟁과 NL

2017년에 대한민국에서 영화 한 편이 개봉했다. 바로 '1987'이라는 영화다. 1987년은 대한민국에서 '민주화 운동'이라는 말이 대중적으로 퍼지게 된 계기를 만들었다. '민주화 운동'은 1987년 6월 10일부터 6월 29일까지 19일간 벌어진 대규모 시위로 '6월 항쟁'으로 불리기도 한다. 시위대 측은 5백만 명이 시위에 참여했다고 주장했고, 당시 경찰은 8만 2천 명

영화 1987 포스터

가량이 참여했다고 주장했다.

　재미있는 점은 2016년에 시작된 이른바 '촛불시위'에서도 시위대 측 참여인원과 경찰 추산 참여인원은 큰 차이가 있었다. 대한민국 시위 현장에서 이처럼 주최 측과 경찰 측 참여인원이 큰 차이를 보이는 것은 오랜 역사를 가지고 있다. 그래서 대한민국 언론은 그동안 항상 집회 참여 인원을 이야기할 때, 양측의 주장을 함께 썼다. 하지만 이 같은 오랜 전통이자 당연한 행위는 2016년 '촛불시위'에서는 사라졌다. 언론의 중요한 책무인 진실보도를 하지 않고 팩트를 무시하는 상황이 온 것이다. 이때부터 거의 모든 언론사들은 촛불시위 참여인원을 시위대측이 주장하는 인원수를 그대로 '사실'인 것처럼 전국민에게 보도하기 시작했다. 이렇게 되다보니 단 10번의 촛불집회에서 무려 1천만 명이 참여했다는 다소 놀라운 수치까지 나오게 됐다. 상식적으로 말이 되는 숫자일까? 대한민국 전체 인구가 5천만 명 정도인데, 전체 인구의 5분의 1이 단 10번의 집회에 모두 참여했다고? 하지만 이런 수치에 대해 의구심을 조금이라도 제기하는 언론사는 정말로 찾기 어려웠다.

　다시 1987년 '6월 항쟁'에 대해 이야기 해보고자 한다. 하지만 이에 앞서 알아두어야 할 소위 '민주화운동' 세력에 대해 근원적 고찰이 필요하다. 대한민국의 학생운동 세력은 크게 2개의 축으로 나뉜다. 바로 NL(National Liberation)과 PD(People's Democracy)이다. NL은 '민족해방'을 주로 외치면서 한반도의 자주독립을 위해 북한과의 협력을 중요시한다. 이 때문에 NL을 '주체사상파' 즉 '주사파'라고 부르기도 한다. 물론 NL에도 주사파와 비주사파가 있음을 분명히 한다. 반면 PD는 '민중민주'를 주로 외치면서 북한의 주체사상과는 거리를 두고 있다. 하지만 이들 역시

6월 항쟁

'마르크스-레닌주의' 진영으로서 노동자 중심의 소련 혁명을 주요 모델로 삼고 있다. 1987년 이전까지 학생 운동의 주요 세력은 NL보다는 PD에 무게 중심이 있었다고 한다. 아무래도 북한에 대한 학생들의 거부감 때문이었는지는 자세히는 모르겠다. 하지만 1987년 '6월 항쟁' 이후로 무게 중심이 PD에서 NL로 급속도로 옮겨갔다.

    좌파의 특징은 위기의 순간에는 뭉치고 안정화가 되면 흩어지는 것을 반복하는 것이다. 바로 '6월 항쟁'을 통해 NL과 PD는 대동단결했고, '6월 항쟁'이 끝난 이후 각자의 길을 갔다. 이 같은 모습은 2011년 NL과 PD가 제19대 국회의원 총선거와 제18대 대통령 선거를 앞두고 대통합을 이루면서 출범한 그 유명한 '통합진보당'으로 이어진다. 통합진보당은 무려 13석이나 얻어내며 원내 제3당까지 되었다. 하지만 비례대표 경선 과정에서 'NL측 사람들이 유리하도록 조작됐다'는 부정선거 의혹이 PD측에서 제기되면서 양측의 폭력사태까지 벌어지게 됐다. 결국 극심한 갈등 끝에 창당 9개월여 만에 PD측 국회의원들이 탈당했다. 통합진보당의 의석은 13석에서 5석으로 대폭 줄어들게 됐다. NL은 통합진보당으로 남게 되고, PD는 정의당이라는 이름으로 부활하게 된다. 통합진보당은 2014년에 헌법재판소로부터 내란선동 및 국가보안법 위반으로 해산된다.

내가 이렇게 자세하게 사전 설명을 하는 이유는 이 내용들이 '6월 항쟁'을 이해하는데 있어서 중요한 부분을 차지하기 때문이다. '6월 항쟁'은 '박종철 고문치사 사건' 없이는 설명할 수 없다. 1987년 1월, 서울대 언어학과 학생이었던 박종철은 경찰에게 끌려간다. 경찰은 박종철이 아닌 서울대 사회학과 박종운을 검거하고자 했고, 그의 위치를 알기 위해 박종철을 고문했다. 이에 박종철은 단 하루 만에 목숨을 잃었다. 요즘 세상에서는 상상도 할 수 없는 일이다. 어린 학생이 경찰에게 물고문을 당하다가 목숨을 잃다니. 박종철과 박종운은 모두 노동자 중심의 소련식 공산혁명을 꿈꾸는 PD였다. 북한 주체사상파 혹은 NL과는 거리를 두었던 학생들이었다.

이때까지 학생운동의 주류는 PD였다. 그런데 NL에게 기회가 왔다. PD는 기존 정치인들에 대한 불신이 중심을 이뤘기 때문에 김영삼-김대중 양김의 신민당에 대해 거부감을 가지고 있었다. PD는 노동자 중심의 혁명을 꿈꾸기 때문이다. 그런데 NL은 스스로 살아나갈 방법을 잘 찾아냈다. NL은 신민당이 내세우는 대통령 직선제 헌법 개정 요구에 동참하기 시작했다. 이때가 바로 1987년이다. 1987년 1월에 있었던 박종철 고문치사 사건이 5개월이나 지나고 나서 '6월 항쟁'이 시작된 이유는 무엇이었을까? 그리고 왜 피해 당사자이자 학생운동의 주류였던 PD가 주도하지 않고 상대적으로 소수파였던 NL이 주도하게 된 것일까? 그것은 바로 NL이 신민당이 주장하는 대통령 직선제 개헌 투쟁에 참여했기 때문이다.

박찬수의 'NL 현대사'에 따르면, 당시 주류 운동권이었던 PD계열은 사회체제의 근본을 해결하지 않으려는 개량주의적인 정치인들과 함께 투쟁하는 것은 '포퓰리즘' 즉, '인기영합주의'로 규정하는 비판적 입장을 보였다고 한다. 반면 NL계열은 1987년 6월 항쟁 과정에서 '호헌철폐 독재타도'라는 대중적 슬로건을 들고 나왔다. 때문에 대중적 관심을 이끌어낼 수 있었다는 것이다. NL계열의 유연한 대중노선 채택이 학생운동의 주도권을 잡게 된 것이라는 분석이다.

PD계열 학생의 안타까운 죽음은 결국 경쟁관계에 있던 NL을 더욱 키워주고 PD계열을 상대적으로 약화시킨 '6월 항쟁'으로 이어졌다. 상당히 아이러니하다.

'6월 항쟁' 당시 정부의 미숙한 대응이 오히려 시위를 키운 면이 있다는 해석도 있다. 시작은 박종철 고문치사 사건이었지만, 결정타는 피를 흘리며 쓰러진 연세대학교 경영학과 학생 이한열의 사진이었다. 1987년 6월 9일 연세대 티셔츠를 입은 이한열의 눈은 풀렸고, 머리에서는 피가 흘렀다.

학생들이 연세대학교 앞에서 시위를 했다. 경찰은 최루탄을 쐈는데, 이 최루탄이 이한열의 머리를 때린 것이다. 말도 안 되는 일이다. 경찰이 이런 황당한 일들을 학생들을 상대로 저질렀다. 이해할 수 없다. 결국 이한열은 한 달도 안 돼 1987년 7월 5일에 사망하기에 이른다.

나 역시 어린 시절 1980년대에 대한 기억이 있다. 항상 서울 시내는 최루탄 연기가 가득했었다. 지금 대한민국 서울은 중국발 미세먼지와 황사에 고생을 하고 있지만 1980년대 서울은 최루탄 연기로 고생을 하고 있었다. 하지만 최루탄 연기로는 사람이 죽을 수 없다. 분명히 경찰이 큰 잘 문재인 정부의 주요 인사들에 대해 '주사파' 논란이 거세게 일었다. 2017년 11월 6일 국회 국정감사 과정에서 자유한국당 전희경 의원은 "주사파가 장악한 청와대"라는 발언을 했다. 그러자 임종석 청와대 비서실장은 "매우 심한 모욕감을 느낀다"고 말했다. 일각에서는 철지난 '색깔론'이라고 '주사파 논란' 자체를 폄하하기도 한다. 미국으로 치면 21세기에 '맥카시즘'을 말하는 것과 비슷하다는 식이다. 그런데 문제는 이 사안이 절대로 철지난 사안이 아니라는데 있다. 주사파라는 용어는 속된 표현으로 '빨갱이'라는 뜻이 아니다. 바로 NL계열 운동권 출신을 의미한다. 자신들이 NL계열 운동권 출신이 맞다면 주사파라고 하는데 왜 모욕감을 느끼는 것인가? '주사파'라는 용어 자체를 터부시하면서 애초에 언급 자체를 막으려는 시도로 밖에는 보이지 않는다.

2-3.
NL의 공포를 제대로 보여준 사건

NL과 PD를 구분하는 기준은 워낙 여러 가지가 있다. 복잡한 세부 구분을 제쳐두고 간단하게 구분을 하겠다. PD는 레닌 이론을 따라 노동자 계급 중심의 혁명을 꿈꾼다면, NL은 반미 자주화 투쟁을 전면에 내세우고 있다. NL은 '반미'와 '통일'이 핵심이다. 여기에 북한 김정일이 집대성한 '주체사상'을 따르고, 북한 노동당을 대한민국 변혁운동의 지도부로 인정할 것인지의 여부에 따라서 NL 내부에서 '주사파'와 '비주사파'가 구분된다. 그만큼 NL에게 북한은 중요한 자리를 차지한다.

2014년 12월 19일 대한민국 헌법재판소에서는 통합진보당이라는 정당을 강제 해산하는 판결이 내려졌다. 헌정 사상 초유의 일이었다. 오병윤, 이석기, 김재연, 김미희, 이상규 등 5명의 국회의원은 곧바로 국회의원직을 박탈당했다.

통합진보당은 2011년 12월 6일 민주노동당과 국민참여당, 새진보통합연대가 모여 만든 당이다. NL계열 운동권과 PD계열 운동권이 대통합을 내세우며 탄생한 정당이었다. 2012년 4월 11일 국회의원 총선거에서 통합진보당은 민주당과 야권 단일후보를 내며 우파 정당인 새누리당에 맞섰다. 13석의 의석을 획득하며 새누리당, 민주통합당에 이어 원내 제3당이 됐다. 하지만 총선이 끝난 뒤, 당내 비례대표 경선 과정에서 부정선거 의혹이 제기되면서 NL계열과 PD계열 사이에 당내 갈등이 커진다. 결국 PD계열 국회의원들이 탈당을 해 2012년 10월 21일 정의당을 만들게 된다.

통합진보당은 NL계열 국회의원들이 중심인 정당이 됐는데, 이후 2013년 8월에 내란음모 사건에 휘말렸다. 국가정보원은 이석기를 중심으로 한 혁명조직 RO가 대한민국 체제 전복을 목적으로 하는 사회주의 혁명을 도모했다며 내란음모와 선동, 국가보안법 위반 등의 혐의로 고발한다. 이석기는 RO의 조직원들에게 "혁명이 다가오고 있다. 통신·석유 비축 시설과 철도를 습격할 준비를 하라"고 지시를 내린 혐의로 체포됐다. 그리고 법무부는 헌정사상 처음으로 통합진보당에 대한 정당해산심판을 헌법재판소에 청구했다.

이석기는 2013년 5월 12일 서울시 마포구 합정동에 있는 '마리스타 교육 수사회 강당'에 혁명조직 RO의 조직원 130여명을 집결시켰다. 조직원들은 이 모임에서 경기도 평택시에 있는 유류저장고 폭파와 서울시 종로구 혜화동에 있는 통신회사인 KT지사의 통신시설 파괴 등 구체적인 내란 관련 논의를 진행했다. 국가정보원은 위 내용이 담긴 녹음 파일을 공개했고, 이는 많은 사람들을 충격에 빠트린다. RO 조직원이었던 이 모 씨가 국가정보원의 요청에 따라 몰래 녹음했던 것이다. 대법원은 2015년 1월 22일 내란선동 및 국가보안법 위반 혐의를 유죄로 인정해 이석기 의원을 징역 9년에 자격정지 7년형을 확정했다.

그리고 이보다 앞선 2014년 12월 19일, 헌법재판소는 통합진보당이 북한식 사회주의를 추종하고 북한의 대남혁명전략과 노선을 같이하는 것으로 드러났다며 재판관 9명중 8명이 찬성하는 8대 1의 의결로 정당 해산 결정을 내렸다. 이 사건으로 인해 수많은 대한민국 국민들은 NL계열 운동권에 대해 공포감을 갖게 됐다.

이석기가 체포된 이후 국회에서는 그동안 이석기가 국회의원으로 활동하면서 어떠한 활동을 했는가에 대한 조사가 이뤄졌다. 이석기는 국회의원이라는 신분을 이용해 군사 기밀 자료를 요구하는데 집중한 것으로 드러났다. 총 30건의 군사 기밀 자료를 요구했는데, 대부분이 주한미군과 관련된 내용이었다고 한다. 이석기는 국방부에 한미합동 군사훈련과 무기도입 관련 자료 등을 요구했고, 평택 오산기지 제2활주로와 한미 방위비 분담금 등 주한미군과 관련된 내용도 포함 됐다고 한다. NL계열 운동권 출신으로 반미 성향이 강한 사람이 국회의원이 되면 얼마나 위험한 일이 벌어질 수 있는가에 대한 경종을 울리는 사건이었다.

청와대와 여당의 주요 세력에 NL과 PD계열 운동권 출신들이 얼마나 포진돼있는가는 이후에 펼쳐질 내용에서 좀 더 자세히 설명하도록 하겠다. 제3장에 나오고 있는 현황을 보면 얼마나 심각한 현실인지 잘 알게 될 것이다. 그 전에 실질적으로 펼쳐졌던 사례들을 살펴보도록 하자.

3. 주요 반미 운동 사례 소개

0.
책을 시작하며

0-1.
첨예한 좌우 대결이 펼쳐지는 대한민국

　대한민국은 현재 그 어느 때보다도 극심한 좌우 대결이 펼쳐지고 있다. 1980년대부터 2016년까지 집 밖의 시민운동은 거의 대부분 좌파의 전유물이었다. 하지만 2016년 이후 광화문 촛불시위가 펼쳐지면서 이에 맞서는 태극기집회가 생겨나기 시작했고, 지금은 좌파와 우파 모두 집 밖으로 나와 시위를 펼치고 있다.

　몇몇 사람들은 이 주장에 대해 의문을 제기할 수도 있다. 촛불시위에 대해서는 많이 들어봤지만, 상대적으로 태극기집회에 대해서는 별로 들어보지 못했을 수 있다. 태극기집회가 촛불시위보다 규모가 작아서 그랬을까? 아니다. 절대로 아니다. 한국의 주요 언론사들이 태극기집회에 대해서는 조명을 하지 않았기 때문이다. 왜 한국의 주요 언론사들은 촛불시위에 비해 태극기집회에 대해서는 관심을 갖지 않았을까? 여러 가지 해석의 여지는 있을 수 있지만, 그 중의 한 가능성에 대해서는 따로 자세히 언급하도록 하겠다.

　자 그럼 다시 좌파와 함께 집 밖으로 나온, 아니 좌파보다 더 열정적

0. 책을 시작하며

촛불집회와 태극기집회

이고 꾸준하게 집회를 이어가고 있는, 우파 시위에 대해 말해보자.

우파 시위의 대표적 형태인 태극기집회는 우리가 연구해볼만한 가치가 충분히 있다. 우파 진영이 펼치고 있는 태극기집회를 자세히 들여다보면 굉장히 흥미로운 모습을 볼 수 있게 된다. 태극기 집회의 주인공은 당연히 태극기이다. 그런데 반드시 등장하는 조연이 있다. 성조기이다. 성조기? 갑자기 미국 성조기가 왜 태극기집회에 함께 나오는 것일까? 그럼 영국의 유니언잭과 프랑스의 삼색기도 태극기집회에 나오나? UN 깃발은 왜 나오지 않는 것일까?

2018년 이후 미국 성조기와 함께 또다시 새로운 조연이 태극기집회를 멋지게 장식하고 있다. 바로 다비드의 방패, 즉 이스라엘 국기이다. 참고로 이스라엘은 1962년에 한국과 외교관계를 수립했는데, 1970년대 한국이 중동 지역에 건설 사업을 집중하면서 이스라엘과 관계가 멀어지기도 하는 등 여러 가지 어려움이 있기도 했다. 당연히 1950년 한국전쟁 참전국도 아니다.

1-1.
왜 반미주의인가?

    2000년대 초반 김대중, 노무현 좌파 정부 때 가장 전성기를 누렸던 반미주의를 살펴보기에 앞서 간단하게 반미주의를 꽤 오랜 기간 퍼뜨리기 위해 노력한 사람들의 역사에 대해 살펴볼 필요가 있다.

    솔직히 이 부분으로 시작하면 걱정되는 부분이 있다. 왜 21세기에 아직도 1950년대 한국전쟁을 말하는가이다. 미국에서 PC주의에 대해 이야기하는 것처럼 한국에서도 '색깔론'과 관련된 말을 하는 것에 대해 조심스러운 부분이 분명히 있다. 자칫 극우주의자로 몰리거나 시대에 뒤쳐진 사람으로 비춰질 수 있기 때문에 논의를 피하는 사람들이 적지 않다. 하지만 반드시 짚고 넘어가야만 한다.

    아주 먼 옛날이야기도 아니다. 2014년 12월 19일 대한민국 헌법재판소는 정당 해산 결정을 내렸다. 바로 2014년에 말이다. 무려 13명의 국회의원을 얻어내면서 새누리당, 민주통합당에 이어 원내 제3당의 위치를 차지했던 통합진보당은 충격적이게도 내란음모 등의 혐의로 해산됐다. 이 부분에 대해서는 따로 자세하게 설명하도록 하겠다.

1. 왜 반미주의인가?

통진당 해산과 이석기 구속

　대한민국에서 '색깔론'은 절대로 극우주의자의 허황된 주장도 아니고, 시대에 뒤쳐진 사람들이 부르는 흘러간 옛 노래도 아니다. 대한민국은 여전히 북한이라는 위험 국가와 인접해있는 상태이다. 이미 김대중, 노무현 정부 때도 같은 상황이 있었던 것처럼 문재인 정부가 들어선 지금도 북한은 평화 통일을 갈구하는 듯한 행동을 보여주려고 노력하고 있다. 하지만 북한은 북한일 뿐이다. 한국전쟁 이전과 이후에도 북한은 끊임없이 대한민국을 노렸고, 지금도 자신들의 목표에는 큰 변화가 없다.

1-2.
대한민국에 침투했던 북한 세력

　대한민국의 탄생은 과연 언제라고 해야 할까? 일단 조선이 일본의 지배에서 벗어난 1945년 8월 15일 이후라고 봐야할 것이다. 조선이 일본의 지배에서 벗어날 수 있었던 이유로는 1945년 8월 6일 미국이 일본 히로시마에 투하한 리틀보이가 결정적이었다.

　하지만 한반도는 미국과 소련으로 양분돼 신탁통치를 받을 수밖에 없었고, 이는 곧 양측의 체제 경쟁과 치열한 첩보 전쟁으로 이어지게 됐다. 바로 이때부터 대한민국 내부에는 적지 않은 수의 북한 세력들이 몸을 숨긴 채 활동하기 시작했다.

　남정욱의 저서 '꼰빠이 386'에 따르면, 6·25 즉 한국전쟁은 '북한군이 남한 좌익과 합세한 전쟁'이라고 말한다. 나는 이 주장에 동의하는 입장이다. 한국전쟁의 특징 중 하나가 민간인 피해가 많고 그 죽음이 참혹했다는 것인데, 민간인 사망자 시신이 발견된 곳 상당수가 전쟁이 벌어진 현장보다는 전선과 한참 동떨어진 주거지역이었다. 사망 원인도 총격이나 포격에 의한 피해가 아니라 죽창과 낫, 몽둥이 등에 의한 처형 방식에 따

1. 왜 반미주의인가?

배우 이병헌은 영화 '밀정'에서 김원봉 역할을 맡았다.

재미있는 점은 좌편향 논란이 불거지고 있는 대한민국 영화계에서 김원봉을 미화하는 영화가 또다시 개봉했다는 점이다. 바로 2016년 9월 7일에 개봉한 '밀정'이라는 영화다. 이 영화 역시 750만 관객을 기록하며 높은 흥행 성적을 거뒀다. 재미있는 점은 이번에도 이병헌이라는 스타급 대배우를 김원봉 역할을 하도록 한 것이다. 이병헌은 지아이조2, 레드2, 터미네이터 제네시스, 매그니피센트7 등 헐리우드에서도 인기가 높은 배우인데다가 훌륭한 연기력으로 대한민국 남녀노소 모두에게 호감도가 높다. 결국 암살이라는 영화가 나온지 단 1년 만에 대한민국 영화계는 또다시 이병헌이라는 대배우를 투입해가면서 김원봉을 멋진 사람으로 묘사하는데 에너지를 아끼지 않았다.

반일감정은 반미감정과 마찬가지로 참으로 손쉽게 사람들의 마음을 하나로 모으는데 큰 역할을 한다. 각자가 다른 생각, 다른 환경, 다른 교육을 받았다고 하더라도 자신들 이외의 누군가에 대한 분노를 통해 하나의 이념을 이끌어낼 수 있기 때문이다. 반일 코드는 어찌 보면 한민족이라는

북한은 김일성이
항일독립운동인
'보천보 전투'를
이끌었다고 주장한다.
이는 김일성 우상화를
위한 것이다.

감정을 이끌어내면서, 남과 북이 싸우지 말고 함께 일본에 맞서자는 생각으로 이어지게 된다. 그 장치로 먼저 시작한 것이 김원봉일 수도 있다. 그렇다면 다음은 누가 될까? 논란의 여지가 충분히 있지만, 북한이 주장하는 대로 항일 독립운동 투사라는 김일성이 이제는 대한민국 영화에서 멋지게 등장할 날도 멀지 않아 보인다.

정치적인 논란이 없어야할 스포츠 현장에서도 반일감정은 언제나 논란의 대상이었다. 2011년 1월 25일 카타르 도하에서 열린 아시안컵 한일전에서 기성용은 선제골을 터뜨렸다. 그런데 기성용의 세리머니가 문제였다. 기성용은 왼손으로 턱을 만지며 이른바 '원숭이 세리머니'를 했다. 대한민국의 일부 몰상식한 사람들은 일본 사람들을 조롱할 때 '원숭이'라는 표현을 사용한다. 일본 사람들도 다 알고 있는 사실이다. 이후 비난여론이 우리나라에서까지 커지자 기성용은 관중석에서 일본 제국주의를 상징하는 욱일승천기를 발견한 뒤 보복차원에서 '원숭이 세리머니'를 했다고 해명하기도 했다. 하지만 정말로 카타르 한일전 현지에 욱일승천기가

1. 왜 반미주의인가?

2011년 아시안컵 한일전에서
선제골을 터뜨린 기성용 선수의
원숭이 세리머니

더 스코티시 선 캡쳐

있었는지 여부는 지금까지도 논란이 계속되고 있다. 영국의 일간지인 '더 스코티시 선'은 기성용의 '원숭이 세리머니'에 대해 '뻔뻔한 원숭이'라며 기성용을 강력하게 비난했다.

여기서만 끝났으면 얼마나 좋았겠는가. 하지만 대한민국 국민에게 반일감정은 누군가의 선동에 의해서인지 좀처럼 끝나지 않는다. 2012년 영국 런던에서 열린 올림픽에서 대한민국 축구는 놀라운 성적을 거뒀다. 영국은 자국에서 열리는 올림픽인 만큼 잉글랜드와 웨일스, 북아일랜드, 스

9월 9일 김일성 정권 수립일을 기념하는 9·9절을 사실상 건국일로 지정해서 대규모 행사를 벌여왔기 때문이다. 북한은 김일성 정권의 정통성을 이어가는 상황에서 대한민국만 이승만 정권의 정통성을 훼손하는 일이 과연 바람직할지 심히 우려스러운 부분이다.

2. 대한민국의 핵심 반미세력 '386세대'

어떤 이들은 이들에 대해 '386세대'가 아닌 '586세대'라고 불러야 한다고도 한다. '386세대'라는 말이 나온 시기가 20년 전인 1997년이기 때문이다. 용어가 등장한 1997년을 기준으로 '386세대'는 30대, 1980년대 학번(대학교 입학년도), 1960년대 출생자를 뜻하기 때문이다. 따라서 20년이 지난 지금에는 '586세대'라고 해야 하는 것 아니냐는 말도 있지만, 앞으로'686세대', '786세대', '886세대' 등 계속 바꿔야 하는 일이 벌어질 수 있다. 때문에 편의상 처음 용어가 등장했던 대로 '386세대'로 부르도록 하겠다.

2-1.
광주에서 시작된 반미 운동

 1985년 4월 19일 광주에 있는 전남대학교 5·18광장에서 '5·18 진상 규명투쟁위원회' 위원장인 전남대 영어영문학과 학생 한경은 '광주 학살을 방조한 미국의 책임'을 거론하며 '양키 고 홈'을 외쳤다. 광주에서 시작된 '양키 고 홈'은 전국으로 퍼졌다.
 1982년 3월 18일에는 부산 미국 문화원이 큰 불에 타버렸다. 부산 지

부산 미국문화원
방화사건 사진

2. 대한민국의 핵심 반미세력 '386세대'

6월 항쟁 당시에
경찰의 최루탄에 맞아
사망한 이한열의 영결식

못을 한 것이다. 의도했건 의도하지 않았건 최루탄이 사람의 머리에 맞는 일은 절대로 있어서는 안 될 일이다.

'6월 항쟁'은 1987년 6월 10일부터 시작됐다. 이날은 다름 아닌 당시 여당인 민주정의당 대통령 후보 지명대회가 열린 날이었다. 이한열이 6월 9일에 최루탄에 맞아 크게 다치는 일이 있어서 6월 10일에 '6월 항쟁'이 시작된 것은 아니다. 다만 이 사건이 더 많은 사람들의 참여를 이끌어냈던 결정타였던 것이고 6월 10일 대규모 규탄대회는 예정돼 있던 것이었다.

정부는 여기서 스스로의 발목을 잡는 또 한 가지 실수를 저지르게 된다. 학생들의 대규모 집회로 시내가 혼잡해질 것을 우려해 정부는 회사들로 하여금 직장인들을 조기 퇴근 시키도록 요청했다. 게다가 학생들이 지하철을 타고 시내로 오는 것을 막을 수 있도록 도심을 통과하는 지하철을 정차하지 않고 통과시키도록 했다. 이 같은 집회현장 지하철 무정차 통과는 촛불집회가 한창이던 지난 2016년에도 있었던 일이다. 물론 이때는 집회 참여자들이 오지 못하도록 하는 목적이 아니고, 특정 지하철역에 갑자기 수많은 사람들이 몰리면 안전 문제가 있었기 때문으로 판단된다. 문제는 1987년 6월 10일이 수요일이었다는 점이다. 정부의 배려(?)로 주말도 아닌 평일에 평소보다 일찍 회사를 나오게 된 직장인들은 마땅히 갈 곳이 없었다. 게다가 도심 지역 직장인들은 지하철을 타고 집을 갈 수도 없었다. 결국 이들은 자연스럽게 회사에서 일찍 퇴근해 '6월 항쟁'에 참여할 수 있게 된 것이다. 주체사상파인 NL이 주도했던 '6월 항쟁'이 승리할 수 있었던 것은 바로 '넥타이부대'라고 불리는 직장인들의 대거 참여 덕분이었다.

역사에서 '만약'이라는 단어는 의미 없는 소리일지도 모른다. 하지만 만약 당시 정부가 직장인들의 조기 퇴근 조치를 내리지 않았다면, 대한민국의 현재 모습은 어땠을까. 2016년 10월 24일 늦은 밤 JTBC 방송사가 최순실의 태블릿PC 보도를 한 바로 다음날 아침에 박근혜 대통령이 성급한 대국민 사과를 하지 않았다면, 과연 대한민국은 어떻게 됐을까. 남북한 관계는 어떻게 이어졌으며, 한미 관계 역시 어떻게 진행됐을까. 이와 같은 생각이 끊이지 않는다. 아주 작은 판단 하나가 역사를 바꾸기 때문이다.

이 1987년의 6월 항쟁이 사람들에게 강한 인상을 남겼던 이유는 대통령 직선제 개헌이다. 6월 항쟁은 당시 전두환 대통령의 2인자였던 노태우 민주정의당 총재가 '대통령 간선제'에서 '대통령 직선제'로 개헌하겠다고 약속하는 '6·29 선언'을 이끌어냈다.

대규모 시위 참여자들이 군부정권을 상대로 승리했다고 환호하면서 이전까지 있었던 기존 정치인들과는 전혀 다른 형태의 운동권 세력이 형성되기 시작했다. 이들은 이후 이른바 좌파 진영의 핵심 세력으로 떠오르기 시작했다.

2. 대한민국의 핵심 반미세력 '386세대'

'386세대'라는 말이 등장하기 시작했던 것은 1997년 즈음이다. 1987년 6월 항쟁 이후 대략 10년이 지난 시점이다. 30대이고 80년대 학번, 그리고 1960년대에 출생한 이들을 뜻하는 용어이다. 일각에서는 이들을 '386세대'가 아닌 '586세대'라고 불러야 하는 것이 아니냐고 말하기도 한다. 1997년으로부터 20년이 지났고, 그들은 더 이상 30대가 아니고 50대이기 때문이다. 하지만 그들을 지정했던 용어가 '386세대'라고 정해진 만큼 다소 모순이 있다고 하더라도 용어를 유지하는 게 옳다고 본다. 여기서 '386세대'를 꼭 집어서 말하는 이유는 바로 386세대가 현재 문재인 정부에서 큰 영향을 미치고 있기 때문이다.

1987년 6월 항쟁으로 PD는 점차 영향력을 NL에게 빼앗기기 시작했다. 이후 운동권의 주요 세력으로 떠오른 NL이 30년이 지나도록 좌파 진영에서 목소리를 내오고 있다.

PD는 김영삼과 김대중이라는 양김에 대한 거부감 때문에 신민당의 개헌 요구에 적극적으로 참여하지 않았고, 이 때문에 NL에게 주도권을 빼앗겼다고 앞에서 말한 바 있다. 이처럼 운동권은 기존 정치인들에 대한 불신을 기반으로 하고 있다.

김대중 정부와 노무현 정부는 같은 좌파 정부이지만 차이가 있다. 다들 알다시피 문재인 대통령은 노무현 전 대통령의 비서실장 출신이었다. 따라서 문재인 정부와 노무현 정부는 김대중 정부와는 또 다른 의미를 가지고 있다. 노무현 정부에서부터 '386세대'가 본격적으로 정치권에 진출하면서 NL 운동권이 주류 정치인으로 등장했다. 바로 이들로부터 진짜 반미, 진짜 친북이 나오기 시작했다고 볼 수 있다. 그리고 지금 이들은 문재인 정부주요 직책들을 거의 다 차지하고 있다.

3-1.
주한 미국 대사관저 테러 사건

앞서 밝힌 것처럼 1987년 '6월 항쟁' 이후 NL계열 학생운동이 중심으로 나서면서 반미 운동 역시 더욱 본격화됐다. 1989년 10월 13일 전대협 소속의 반미구국결사대는 주한 미국 대사관저를 점거했다. 미국 국무부는 이 사건을 2013년 8월에 발간한 '미국에 대한 정치폭력' 보고서에서 주요 반미 폭력 사건 중 하나로 선정하기도 했다. 민주당에서 국회의원을 두 차례나 하기도 했던 정청래를 포함한 전대협 소속 대학생 6명은 자동차의 지붕을 타고 서울 중구 정동에 위치한 주한 미국 대사의 관저 담벼락을 넘어 무단 침입했다. 이들은 미리 준비해놓은 사제폭탄 1발을 담을 넘자마자 터트렸고, 폭발음을 듣고 경비원들이 달려오자 사제폭탄 2발을 추가로 터트렸다. 그리고 쇠파이프로 현관 유리창을 부순 뒤 거실로 들어가 '도널드 그레그 주한 미국 대사는 물러나라'고 외쳤다. 집 안에 있던 의자들을 놓고 바리케이드를 치기도 했으며, 시너를 뿌려 불을 질러서 골동품 등 귀중한 예술품들이 손상됐다. 급하게 창문을 넘어 옆집으로 피신한 덕에 그레그 대사와 그의 가족들은 위험을 면할 수 있었다. 주한 미국 대사에 대해 사제폭탄까지 동원하는 테러 행위가 있었지만, 대학생들은 낮은 수위의 처벌을 받았다. 해당 테러 범죄의 가담자였던 정청래는 본인조차도 예상했던 것보다 낮은 처벌을 받았다고 밝힌 바 있는 징역 6년형을 받았다. 1995년에는 김영삼 정부로부터 특별사면을 받게 된다. 이후 정청래는 국회의원까지 됐다. 이 같은 미온적 처벌과 대처는 분명히 아쉬움이 남는다. 나쁜 선례를 남겼기 때문이다. 결국 2015년 3월 5일, 마크 리퍼트 주한 미국대사의 얼굴은 무려 25cm 길이의 칼에 베였다. 이 부분은 뒤에 자세히 말하도록 하겠다.

3-2.
김대중의 당선과 386의 본격 활동

1997년 12월 18일 제15대 대통령 선거에서 김대중이 당선됐다. 대한민국 정부가 수립된 이래 최초의 좌파 정부가 탄생되는 순간이었다. 앞선 장에서 1997년에 '386세대'라는 용어가 등장했다고 말한 바 있다. 그동안 우파 정부만 이어지던 대한민국에서 최초의 좌파 정부가 등장한 만큼, 정부의 주요 요직의 대폭 물갈이가 불가피했다. 이 과정에서 당시에는 무척이나 젊었던 '386세대'가 김대중 정부의 주요한 직책을 맡게 됐다.

1987년 '6월 항쟁'의 주요 세력인 NL계열 전대협 출신 인사들의 마음속에는 미국이 대한민국의 우파 정부를 오랜 기간 지원해왔다며 미국에 대한 적개심이 강하게 자리를 잡고 있었다. 데이비드 스트라우브의 '반미주의로 보는 한국 현대사'에 따르면 1999년 대한민국 언론이 주한 미군의 잘못된 행위에 대한 소문들을 잇달아 보도했는데, 한국의 언론인들은 이 같은 정보의 출처가 정확한지 제대로 체크하지 않았고 객관적으로 다루지도 않았다고 말한다. 데이비드 스트라우브는 1999년 당시 대한민국의 수많은 신문사 기자와 오피니언 편집자들이 바로 '386세대'였기 때문

주한 미군 군검찰은 당시 장갑차 운전에 관여했던 관제병 페르난도 니노 병장과 운전병인 마크 워커 병장을 '과실치사죄'로 기소했다. 하지만 2002년 11월 20일과 22일, 경기도 동두천 주한미군 부대인 캠프 케이시 내 미 군사 법정 배심원단은 니노 병장과 워커 병장 모두 공무를 수행하던 중 발생한 과실로 고의성이 없다고 판단해 무죄 판결을 내렸다. 이들이 살인죄를 저질렀다고 주장하던 사람들은 미군이 무죄 판결을 내렸다는 사실에 분노를 일으키며 거리로 뛰쳐나왔다. 그리고 2002년 11월 26일, 광화문에서 대규모 촛불집회가 펼쳐졌다. 2002년엔 대한민국에서 월드컵이 열렸기 때문에 대한민국 국민들이 광장에 나와서 모임을 갖는 게 익숙한 상황이었다. 1987년 6월 항쟁 때는 투철한 저항 의식이 필요했지만, 2002년 이후부터는 시위가 '축제의 현장'이 됐다. 데이비드 스트라우브의 '반미주의로 보는 한국현대사'에 따르면, 반미적인 일부 NGO들을 포함한 좌파 성향 활동가 단체들이 '비극을 정치화하는데 앞장섰다'고 말한다. 토머스 허버드 당시 주한 미국대사는 2009년에 출간된 회고록에서 "대한민국 국민들은 여중생 치사 사건을 다룬 미국의 태도에 분통을 터뜨렸고, 이것은 노무현 대통령 당선에 결정적 역할을 했다"고 밝혔다. 12월 14일에 있었던 10만여 명이 집결한 대규모 집회에서는 시위대가 성조기를 찢었다. 그 모습이 미국의 주요 텔레비전을 통해 미국 사람들에게 전달됐고, 수많은 미국인들이 충격을 받았다고 한다.

2002년 11월 29일, 전 세계 사람들이 모두가 잘 아는 '강남스타일' 싸이가 수많은 사람들의 기억에서 잊혀지지 않을 퍼포먼스를 했다. MMF라는 Mnet KM 뮤직페스티벌은 대한민국은 물론이고 아시아 전체에서 최고의 축제로 불리는 행사다. 2009년부터는 Mnet Asian Music Awards로

2002년 싸이의
장갑차 파괴 퍼포먼스.
싸이는 결국 2012년에
공식 사과를 했다.

변경돼 MAMA라고 불린다. 2002 MMF에서 신해철과 함께 등장한 싸이는 갑자기 장갑차 모형을 번쩍 들더니 바닥에 내동댕이쳤다. 곧 이어 마이크 스탠드를 마치 쇠파이프처럼 휘두르며 박살이 난 장갑차 모형을 내리쳤다. 마이크 스탠드에는 태극기가 걸려있었다. 10년이 지난 2012년, 싸이는 '강남스타일'로 전 세계 팬들을 열광시켰다. 그리고 2002년에 했던 행동이 싸이를 곤란하게 만들었다. 미국의 언론들이 싸이의 과거 행동에 대해 문제를 제기하자, 싸이는 2012년 12월 8일 공식 사과했다.

이쯤 되면 효순이 미선이 사건을 통해 반미여론이 전국민적으로 얼마나 퍼져있었는가를 쉽게 알 수 있다. 하지만 그 열기는 거짓말처럼 순식간에 식어버렸다. 2002년은 정말 다이내믹한 한 해였다. 2002년 2월에는 솔트레이크 동계올림픽이 열렸고, 6월에는 한일 월드컵이 열렸으며, 12월에는 대통령 선거가 있었다. 이 모두가 반미감정과 연결됐다니 참으로 신기할 따름이다. 2002년 12월 19일 제16대 대통령 선거가 펼쳐졌고, 좌파 후보 노무현이 우파 후보 이회창을 49% 대 47%의 득표율로 아슬아슬

3. 주요 반미 운동 사례 소개

하게 승리했다. 이날 이후부터 촛불시위 참가자 수는 수만 명에서 수천 명으로 줄었고, 며칠이 지나자 수백 명으로까지 줄었다고 한다. 스트라우브는 미국을 강력히 비판했던 좌파 정당과 좌파 NGO들이 대선이 끝난 다음에는 새로 선출 된 노무현 정부를 돕기 위해 미국과의 갈등을 줄이는 쪽으로 방향을 바꾼 것으로 분석했다. 스트라우브는 대한민국 언론이 노무현 당선 이후 효순이 미선이 사건에 대한 대중의 관심이 줄어든 만큼, 더 이상 보도할 이유를 느끼지 못했다고 한다. 특히 좌파 성향 언론의 경우, 주한미군에 대한 비판을 자제해달라고 부탁한 노무현의 영향을 받았다고 말했다.

대통령에 당선된 노무현

사 빈슨의 가족을 찾았다. 22세의 아레사 빈슨은 비만을 치료하기 위해 2008년 1월 23일 메리뷰 병원에서 위 절제 수술을 받았다. 수술 이후 메스꺼움과 구토가 일어나는 증세를 겪었고, 2월 26일에 다시 메리뷰 병원을 찾아 10일 동안 입원치료를 받았다. 이후 4월 2일 어지러움과 시야가 흐려지는 증상으로 치료를 받다가 4월 5일 호흡곤란 증세로 메리뷰 병원 중환자실에 입원했고, 4월 9일 사망했다.

의사들은 아레사의 사망 원인을 분석하고 있었다. 수많은 가능성이 있었는데, 그 중 일명 인간 광우병이라고 불리는 변종 크로이츠펠트 야콥병(vCJD)이 아레사의 사망 원인일 수 있다는 의심을 하고 있었다.

문제는 PD수첩 제작진이 아레사 빈슨의 어머니를 인터뷰하면서 번역한 내용이었다. 아레사 빈슨의 어머니 로빈 빈슨은 "의사들이 아레사가 변종 크로이츠펠트 야콥병 혹은 vCJD에 걸렸을 가능성을 의심하고 있다"고 말했다. 이 부분은 영문으로 하면 "Doctors suspect Aretha has variant Creutzfeldt-Jakob Disease or vCJD"이다. 그런데 PD수첩은 "의

PD수첩 방송 화면 캡쳐

사들에 따르면 아레사가 vCJD라는 변종 크로이츠펠트 야콥병에 걸렸다고 합니다"라고 단정적인 자막을 내보냈다. 판단은 여러분들이 하길 바란다. 이어 로빈 빈슨은 "MRI 검사 결과 아레사가 CJD일 가능성이 있다고 하더군요"라고 말했는데, PD수첩 자막으로는 'CJD'가 'vCJD'로 표기돼 방송됐다.

PD수첩은 아레사 빈슨의 사망원인이 인간 광우병이라고 단정해버렸다. 아레사 빈슨이 위 절제 수술을 받은 사실은 보도에서 빼 버렸다. 그리고 다우너 소. 즉, 주저앉는 소의 모습을 보여주면서 광우병에 걸린 소라고 소개했다. 이런 광우병에 걸린 미국산 소로 생산한 소고기가 한국에 들어오고, 이를 한국인들이 먹게 되면 인간 광우병에 걸린다는 보도를 했다. 제일 황당한 부분은 미국산 소고기를 먹고 인간 광우병에 걸릴 확률은 무려 94%라고 한 것이다.

'미국산 소고기를 먹으면 뇌에 구멍이 송송 뚫리게 된다'는 괴담이 대한민국 전체로 퍼졌고 시민들은 광화문 광장으로 나와 미국산 소고기 수입 반대 집회를 벌였다. 5월 2일부터 촛불집회가 열려 106일 동안 계속됐으며 경찰 집계 98만여 명이 참여한 것으로 나타났다. 초기에는 국민건강을 우려하는 내용의 비폭력 시위였지만, 이후 광화문 일대를 무법천지로 만드는 반정부 불법 폭력시위로 이어지기도 했다. 당시 이명박 대통령은 청와대 뒷산에 올라 광화문 광장에서 벌어지는 촛불시위를 바라보며 눈물을 흘렸다고 말하기도 했다. 출범한지 불과 3개월 만에 시작된 광우병 사태로 이명박 정권은 좌파 정부에서 우파 정부로 전환하기 위한 개혁적인 집권 초 정책들을 추진할 동력을 잃어버렸다.

2008년 7월 2일 문화일보 보도에 따르면 PD수첩 광우병 보도의 영

광우병 촛불집회 사진.
많은 이들이 선동되어
길거리로 나섰다.

어 번역을 담당했던 정지민씨가 "CJD로 번역이 제대로 이뤄진 이후에 누군가가 임의로 인간광우병 즉 vCJD로 표기됐다"며 PD수첩 제작진의 명백한 오역을 강도 높게 비판했다. 하지만 이 같은 문제제기는 이미 PD수첩이 방송된 지 2개월 가량 지난 다음이었고, 이미 2달 동안 대한민국은 크게 흔들렸다.

연예인들의 무책임한 발언도 불안감을 키우는데 일조했다. 영화배우 김민선은 "미국산 소고기를 먹느니 차라리 청산가리를 털어 넣겠다"고 발언했다. 이후 이 논란 때문인지는 모르겠지만, 김민선은 김규리로 이름을 바꿨다. 그런데 김민선은 2009년 3월 18일에 방송된 엠넷의 '트렌드 리포트 필 시즌2'에서 미국의 LA 등을 다니다가 인앤아웃 햄버거 가게에 들어가 햄버거를 맛있게 먹는 장면을 보여줬다. 김민선이 혹시 미국의 인앤아웃 햄버거는 미국산 소고기를 사용하지 않는 것으로 판단했는지는 궁금한 대목이다.

위에서 이미 밝힌 것처럼 아레사 빈슨이 사망으로 이르게 된 데에는

1988년 검찰 치안본부는 전대협이 따르고 있는 '민족해방민중민주주의혁명론'에 대해 이같이 설명했다.

"민족해방민중민주주의혁명론(NLPDR)은 반미자주화, 반파쇼 민주화 투쟁 노선으로 북한의 대남 적화 혁명론인 민족해방민중민주주의를 그대로 차용했다."

즉 전대협의 주요 목표인 NLPDR은 북한의 혁명노선에 따라 '반미구국 통일전선'을 형성하며 주한미군 철수를 통한 미 제국주의와 우파 정권을 타도한 후, 친북 정권인 민중민주정권을 수립하고자 했다. 그리고 최종적으로 북한과의 연공통일을 통한 사회주의 국가 건설을 목표로 잡았다.

전대협은 북한의 3대 투쟁노선인 '자주, 민주, 통일' 투쟁을 지향했으며, 대한민국 사회를 '미국 제국주의에 종속된 식민지 자본주의 사회'로 규정했다.

4-2.
전대협(NL계열) 출신 정치인

　대한민국의 실질적인 대통령으로 불리는 사람이 있다. 국무총리도 아니고, 경제부총리인 기획재정부 장관도 아니다. 바로 전 대통령 비서실장 임종석이다. 그동안 비서실장은 대통령의 핵심 측근이지만, 대부분이 대외적인 활동을 많이 하지 않았다. 그런데 임종석은 이전의 다른 비서실장들과는 전혀 다른 행보를 보였다. 비서실장의 말 한마디, 행동 하나하나가 언론을 통해 기사로 나갈 정도로 사실상 청와대의 권력자라는 말이 나오고 있다. 문재인 대통령 이후 더불어민주당의 차기 대통령 후보로 거론됐던 안희정 전 충청남도 도지사가 여비서와의 성추문 사건으로 몰락한 이후, 차기 대권 주자로서 임종석이 무혈 입성할 것이라는 전망이 나오고 있다.

　임종석은 1989년 전대협 3기 의장 출신이다. 1987년 '6월 항쟁' 이후 전국대학생대표자협의회 즉 전대협이 결성됐지만, 1988년 전대협 2기 때까지는 자체 사무실도 없고 집행 기능도 취약했다고 한다. 하지만 1989년 3월 한양대학교 학생회관에 사무실을 마련한 전대협 3기부터 전대협은

임종석 전 대통령 비서실장

한층 강력해졌다.

한양대학교에 전대협 사무실이 마련된 이유가 조금 재미있다. 전대협 1기(이인영 고려대 총학생회장)와 2기(오영식 고려대 총학생회장) 의장은 고려대학교 학생 출신들이 차지했다. 이때까지 전국단위 학생운동의 수장은 서울대와 고려대, 연세대 등이 맡는 것을 당연시하는 분위기였다고 한다. 그런데 1989년에 연세대학교 총학생회장에 PD계열 학생이 당선되고, 고려대도 PD계열의 학내 영향력이 NL과 비슷한 상황이 벌어지면서 NL을 이끌 선두주자로 한양대학교에 대한 관심이 높아졌다는 것이다. 당시 한양대학교와 경희대, 건국대학교 등은 NL계열이 초강세를 보였다. 이 같은 분위기 속에서 한양대학교는 임종석의 전대협 의장 당선을 암묵적으로 지원했다고 전해졌다. 서울대, 연세대, 고려대 중심의 대학 서열에서 한양대학교의 위상이 높아질 수 있는 기회라고 판단하여 전대협 사무실 설치를 할 수 있도록 도왔다는 것이다.

결국 NL계열의 전국적 학생운동 모임인 전대협 3기 의장으로 임종석이 당선됐고, 임종석의 위치는 이전 전대협 의장들보다 훨씬 높아지는 분에 미국과 주한 미군에 매우 비판적이었다고 판단했다. 김대중 정부가 등장한 이후 수많은 좌파 운동 단체가 정부의 지원을 받게 됐는데, 주한미군철수운동본부와 주한미군범죄근절운동본부 등 주한미군을 노골적으로 표적으로 삼는 NGO들이 성장하게 됐다. 결국 반미 성향의 NGO들이 주한 미군과 관련한 의혹을 제기하면 이를 언론사가 보도하는 '386세대'의 협업 체계가 원활하게 이뤄지는 상황으로 연결됐다.

3-3.
노근리 사건과 주한미군, 그리고 영화 '괴물'

　　김대중 정부 이후 한미 관계는 최악의 상황으로 치닫고 있었다. 1999년 '노근리 사건' 보도는 점차 악화되는 한미 관계를 상징하는 듯 했다. 한국전쟁 당시인 1950년 7월 26일에서 29일 사이에 미군이 대한민국 피난민들을 학살했다는 주장이었다. 미군 전투기가 충청북도 영동군 노근리 마을근처의 철교 주변에 모여든 피난민들에게 기총 사격을 가해 수백 명이 사살됐다는 것이다. 한미 공동 조사위원회를 만들어 조사를 진행했는데, 위장한 인민군들이 피난민들 속에 섞여있던 상황에서 미군이 고의적으로 한국의 민간인을 살해했다는 주장은 증명되지 못했다는 조사 결과로 이어졌다. 노근리 사건은 앞으로 이어지는 반미운동의 시작이었다.

　　이후 대한민국의 좌파 성향 환경 NGO들은 주한미군에 대한 적대감을 이어갔다. 1999년 9월 30일에는 베트남전쟁 참전용사 단체가 한국 법정에 한국과 미국 정부, 그리고 에이전트 오렌지라는 고엽제를 제조한 미국 회사를 상대로 민사 소송을 제기했다. 하지만 워낙 오랜 시간이 지났기 때문에 각종 질병의 원인이 단순히 고엽제 때문이 아니라 흡연이나 음주로 인한 다른 요인의 가능성이 제기됐다.

　2000년 7월 13일 녹색연합은 주한미군이 독성 화학물질인 포름알데히드를 서울 시민의 식수원인 한강에 몰래 방류했다고 발표했다. 주한 미군의 장의사였던 앨버트 맥팔랜드가 직원들에게 60갤런의 포름알데히드를 방류하라고 강요했다는 것이다. 이후 수백 명의 시위대가 용산 주한미군 기지에 돌을 던지며 미군에 대한 적대감을 이어갔다. 에이전트 오렌지와 포름알데히드로 시작된 반미 여론은 2006년 7월에 개봉한 봉준호 감독의 '괴물'에서 또다시 불거졌다. 대한민국에서 무려 관람객 1천만 명을 돌파한 흥행대작이었다. 영화 시작 부분에서 주한 미군 직원은 한강에 포름알데히드를 방류하는데, 이로 인해 물고기가 거대한 괴물이 되어 사람들을 죽이는 내용이다. 그리고 영화 속의 괴물을 죽이기 위해 화학약품이 동원되는데 그 이름은 다름 아닌 '에이전트 옐로우'였다. 봉준호는 은유라는 세련된 방법을 사용할 능력이 되지는 못했던 것 같다. 너무나 노골적으로 반미 감정을 표출했던 것으로 판단된다.

3-4.
안톤 오노와 반미 운동

2002년 2월 8일부터 24일까지 미국 유타 주에서 열렸던 솔트레이크 동계올림픽은 한미 관계에 있어서 정말 다시는 생각하고 싶지 않은 대회였다. 가뜩이나 김대중 정부 이후 대한민국에서 반미 감정이 치솟고 있던 상황에서 미국에서 열린 올림픽은 대한민국 국민들의 미국에 대한 적대감을 키우는 계기가 됐다. 결국 '오노 사건'이라고 대한민국 국민들에게 기억되는 사건은 2002년 2월 20일에 발생했다. 남자 1500m 쇼트트랙 경기에서 대한민국의 금메달 기대주는 김동성이었고, 미국의 슈퍼스타는 일본계 미국인 아폴로 안톤 오노였다. 그리고 다들 알다시피 결승선을 눈앞에 두고 앞서 달려가던 김동성의 등 뒤에 있던 오노가 추월을 시도하려다가 밀쳐져 균형을 잃은 것처럼 손을 하늘 높이 들었다. 심판진은 이를 김동성의 방해 행위로 판단했고, 김동성은 실격됐다. 이 실격 판정은 대한민국 전체에 큰 충격을 안겼다. 김동성이 금메달을 확신하면서 태극기를 들고 환호에 답하기까지 했기 때문이다. 이후 대한민국 국민들은 미국이 심판을 매수했다거나 압력을 행사해 김동성의 금메달을 훔쳐갔다고 말하는 등 반미감정을 쏟아냈다. 특히 안톤 오노가 일본계 미국인이라는 점도 한국민들의 감정을 자극하는데 촉매제 역할을 했다. 대한민국에서의 반미감정은 반일감정과 또 다른 차원에서 민감한 문제였기 때문이다.

    오노 사건이 벌어진지 4개월이 지난 뒤 대한민국에서는 월드컵이 열렸다. 운명의 장난인지 한국은 조별예선에서 미국과 같은 조에 편성됐다. 그리고 2002년 6월 10일 대구에서 미국과 맞붙었고, 안정환은 극적인 동점골을 터뜨렸다. 그리고 안정환은 곧바로 골 세리머니로 쇼트트랙 장면을 연출했다. 바로 뒤에 있던 이천수는 안톤 오노의 행동을 따라했다. 당시 국민들은 이 장면을 보면서 더욱 환호했고. 미국을 상대로 골탕을 먹였다며 신난다는 반응을 보인 사람들이 적지 않았다.

2002년 6월 10일,
골 세리머니로
미국 쇼트트랙 선수
안톤 오노를 따라하는
한국 축구 선수
이천수와 안정환

3-5.
최악의 교통사고 그리고 촛불집회

 2002년 6월 13일 목요일 아침, 중학생인 심미선과 신효순 양은 친구의 생일 파티에 가기 위해 서울과 비무장지대 사이에 있는 도시인 경기도 양주의 56번 지방도 옆 끝을 따라 걷고 있었다. 2002년 6월 13일은 목요일인데, 어떻게 중학생들이 아침부터 친구의 집을 갈 수 있었을까? 그날은 바로 제3회 전국동시지방선거가 열린 날이었기 때문이다. 공휴일이었기 때문에 중학생인 두 소녀는 휴일을 즐기는 상황이었다. 이날 선거는 우파 정당인 한나라당이 광역자치단체장 11석, 좌파 정당인 새천년민주당이 4석을 가져갔고, 기초자치단체장에서는 한나라당이 140석, 새천년민주당이 44석을 가져갔다. 우파 정당이 압도적 승리를 거둔 날이었다. 그런데 공교롭게도 이날 벌어진 사건은 대한민국을 완전히 뒤집었다. 주한 미군 제2보병사단의 장갑차가 맞은편에서 오던 차량을 피하기 위해 오른쪽으로 이동했다가 여학생 두 명이 그대로 미군 장갑차에 압사당하는 비극이 벌어졌다. 이 사건은 그동안 김대중 정부 이후 본격화된 반미감정의 클라이맥스로 이어졌다.

3-6.
연평해전 무관심? 정치적 의도 논란

　　2002년 6월 13일에 벌어진 효순이 미선이 사건은 대한민국 전체를 뜨겁게 달궜다. 수많은 사람들이 반미 시위를 벌일 정도로 전국민적인 관심의 대상이었다. 그런데 불과 16일 뒤에 있었던 엄청난 사건에 대해선 사람들의 관심이 높지 않았다. 바로 2002년 6월 29일에 있었던 연평해전이다.

　　대한민국의 화약고는 과연 어디일까? 바로 인천 옹진군에 위치한 작은 섬 연평도이다. 연평도는 북한 황해도를 코앞에 두고 있는 대한민국의 작은 섬이다. 바다이기 때문에 북한과 갈등이 자주 빚어진다. 육지에는 휴전선도 있고, 비무장지대도 있지만, 바다는 경계선이 모호하다. 특히 북방한계선 즉, NLL을 놓고 항상 북한과 대한민국이 자주 갈등을 일으켰다. NLL은 1953년 한국전쟁 정전 직후 마크 클라크 주한 유엔군 사령관이 설정한 해상경계선이다. 이후 20년 동안 북한은 이 경계선에 대해 문제 삼지 않았다. 그런데 1973년 10월 이후부터 NLL을 인정하지 않고 자주 남쪽으로 넘어왔고, 충돌이 벌어지기도 했다. 하지만 서로의 목숨을 잃

3. 주요 반미 운동 사례 소개

게 하는 수준으로까지 이어지지는 않았다.

그런데 2002년 6월 29일 오전 10시 25분, 북한 경비정 2척은 대한민국 해군의 참수리 357호를 향해 집중사격을 가했다. 대한민국이 한일월드컵으로 축제 분위기에 휩싸인 때였다. 31분 동안이나 이어진 갑작스런 사격에 참수리 357호는 침몰했다. 정장인 윤영하 소령과 한상국 상사 등 6명이 전사했고, 18명이 큰 부상을 입었다. 북한 측은 대한민국 해군의 대응 사격으로 30여명이 죽거나 다친 것으로 알려졌다. 이렇게 큰 사건이 벌어졌지만, 월드컵의 열기 속에서 큰 관심을 끌지 못했다. 충격적인 사실은 연평해전 바로 다음날, 김대중 대통령은 한일월드컵 결승전을 보기 위해 일본 요코하마로 출국했다는 것이다. 김대중 대통령은 윤영하 소령 등 대한민국 해군 희생자들의 빈소를 찾는 대신 브라질의 축구황제 호나우두가 독일을 상대로 골을 넣는 모습을 보며 박수를 치는 쪽을 선택했다. 대부분은 이에 대해 크게 문제 삼지 않았다. 왜냐하면 당시의 어떠한 언론도 이 문제와 관련해 김대중 대통령을 비난하지 않았기 때문이다. 하지만 2015년 6월 24일에 개봉한 영화 '연평해전'에서는 이 문제를 아주 간접적인 장면으로 비판했다. 영화에서는 윤영하 소령의 아버지가 병원에서 TV를 보는데, 김대중 대통령이 월드컵 결승전 참석을 위해 일본으로 출국하는 장면을 보여줬다. 사실상 좌파가 장악한 대한민국 영화계에서 이 같은 영화가 나왔다는 사실 자체가 매우 이례적이다. 좌파성향의 영화 평론가들의 온갖 비아냥에도 불구하고 '연평해전'은 6백만 명이 넘는 관객이 영화관을 찾는 흥행 성공을 이뤄냈다. 네이버 영화 평점에서도 6천 5백 명이 넘는 관람객들이 10점 만점에서 9.14점이라는 높은 점수를 줬다. 반면, 4명의 영화 평론가들은 4.94점이라는 형편없는 점수를 줬다. 얼마나 양측

월드컵 결승전에
참석한 김대중 사진.
연평해전이 일어난
다음 날이었다.

의 입장이 엇갈렸는가를 잘 보여주고 있다.

　이 세상의 어느 생명 하나 소중하지 않은 것이 없다. 미국 장갑차에 깔려 사망한 여중생 효순이 미선이 사건도 아주 가슴 아픈 사건이고, 북한 경비정의 갑작스런 사격으로 목숨을 잃은 6명의 대한민국 해군 장병들이 희생당한 연평해전도 매우 가슴 아픈 사건이다. 하지만 좌파 성향 정당들과 좌파 성향 시민단체들이 정치적인 목적을 위해 슬픈 사건을 이용한 것은 아닌가 하는 생각을 가질 수밖에 없다. 2002년 11월 26일과 12월 14일에 집중된 효순이 미선이 사건과 관련된 반미집회, 그리고 12월 19일 대통령 선거 이후 급속도로 열기가 식어버린 반미집회의 모습을 보면 안타깝다.

　연평해전으로 전사한 한상국 상사의 부인 김한나씨는 전사자들에 대한 노무현 정부의 무관심에 대한 분노와 절망감 때문에 2005년 4월 미국으로 떠났다. 하지만 우파 정부인 이명박 정부가 들어선 2008년 4월부터 연평해전 추모식이 정부 주관행사로 격상되자 다시 대한민국으로 돌아왔다. 좌파정부인 김대중-노무현 정부가 연평해전을 어떻게 바라보는가를 보여주는 대목이다.

노무현 대통령과 관련한 유명한 일화는 또 있다. 2008년 6월 29일 데일리안에 실렸던 기사 내용이다. 2003년 5월 노무현 대통령의 미국 방문에 앞서, 미국 워싱턴DC를 찾은 대한민국의 한 고위관리에게 콘돌리자 라이스 미국 국무장관은 '미군 장갑차에 치여 죽은 학생들의 이름을 아느냐'고 물었다고 한다. 이에 그 고위관리는 곧바로 '효순이와 미선이'라고 대답했다. 그러자 라이스 국무장관은 '연평해전에서 죽은 장병들의 이름을 아느냐'고 물었다고 한다. 거기에 대답을 못하자 라이스 장관은 '동맹군의 차량 사고에 의해 희생된 학생들의 이름은 기억하면서, 적국의 총탄에 의해 희생된 군인들의 이름은 모를 수 있느냐'며 의아해했다고 한다.

3-7.
미국산 소고기 반대 집회

현재 대한민국은 대통령 5년 단임제를 채택하고 있다. 4년 연임제인 미국과는 다른 정치 시스템이다. 공교롭게도 우파 정부인 이명박 정부와 박근혜 정부는 공통점이 있다. 바로 집권 1년 만에 대규모 반정부 집회를 경험하고, 이후 임기 내내 이어지는 반정부 집회로 조기에 레임덕에 빠지게 된다는 점이다. 이명박은 2008년 2월 25일에 대통령에 취임했다. 그리고 그해 4월 9일에 있었던 국회의원 총선거에서 우파 정당인 한나라당은 전체 국회의원 299명 중 153명을 당선시켰다. 좌파 정당인 민주당은 81석에 그쳤다. 우파의 완승이었다.

앞서 2002년 6월 13일에도 우파 정당인 한나라당이 지방선거에서 압승했다고 말한 바 있다. 그리고 그 해에 효순이 미선이 사건과 관련해 대규모 반미 집회가 열렸다. 이는 좌파 성향인 노무현 대통령의 당선으로 이어졌다는 사실을 다시 한 번 기억해주길 바란다.

2002년에도, 2008년에도 모든 상황이 우파 정부에 유리하게 흘렀을 때 대규모 반미 집회가 열렸고, 광우병 보도가 나왔다. '반미로 향하는 대한민국 언론'이라는 측면에서 가장 명확한 예시들이다. 사건이 벌어지고 반미로 이어진 게 아니라, 언론이 일으킨 이슈에 따라 반미집회로 이어졌기 때문이다. 2008년 4월 29일, 대한민국에서 2번째로 큰 규모의 지상파 방송사인 MBC에서 충격적인 방송이 전국민에게 전달됐다. 좌파 성향이 다른 언론사보다 강한 MBC에서 특히나 더욱 좌파 성향이 강한 시사교양 PD들의 프로그램인 'PD수첩'의 방송이었다. 제목은 '미국산 소고기, 과연 광우병에서 안전한가?'이다. 이명박 정부가 한미FTA와 관련해 미국 소고기 수입협상을 벌이는데, 미국산 소에는 광우병의 위험이 있다는 내용이었다. 이때가 이명박 정부가 출범한지 2달 밖에 안 된 상황이었다. 노무현 정부 때까지는 30개월령 미만 미국산 소고기만 수입했는데, 미국 조지 부시 대통령의 요청에 따라 이명박 정부가 30개월령 이상의 미국산 소고기도 수입할 수 있도록 했다. 이 같은 미국산 소고기 수입 협상은 2008년 4월 18일에 타결됐다.

　　PD수첩 김보슬PD는 미국 버지니아주 포츠머스에서 살고 있는 아레

2008년 4월 18일, 미국산 소고기 수입 협상이 타결됐다.

3. 주요 반미 운동 사례 소개

수많은 변수가 있었다. 위 절제 수술 이후부터 아레사 빈슨의 병세가 악화됐다. 2008년 7월 29일 MBC PD수첩의 편파보도 의혹을 수사했던 서울중앙지검 특별수사팀은 중간수사결과를 발표하며 이같이 밝혔다. 검찰은 MBC PD수첩이 아레사 빈슨의 위 절제 수술 사실을 방송에 내보내지 않고 vCJD 이외의 가능성에 대해서도 언급하지 않음으로써 아레사 빈슨의 사인은 곧 vCJD로 기정사실화했다고 지적했다. 아울러 다우너 소 즉 주저앉는 소가 발생하는 원인으로는 무려 59가지에 이르는데, 소가 주저앉는 증상 하나만으로 광우병 소라고 단정할 수 없다고 밝혔다.

상식적인 말을 해보겠다. 아레사 빈슨이 광우병으로 사망했고, 미국의 주저앉는 소가 광우병 소라면 왜 미국 국민들은 촛불을 들고 나오지 않았던 것일까? 미국의 언론사들이 아레사 빈슨과 관련된 사안을 무시해서일까? 이후에 미국에서 광우병으로 숨진 사람들이 나왔나? 아주 쉽게 상식적인 판단을 할 수 있는 부분이다.

현재 대한민국의 미국산 소고기 수입액은 12억 2천만 달러, 한국 돈으로 1조 3천억 원이다. 18억 9천만 달러를 기록한 일본에 이어 세계 2위

인앤아웃에서 햄버거 먹는 김민선

에 해당하는 금액이다. 전체 수입액으로는 세계 2위지만 일본보다 인구가 적다는 점을 판단해보면, 대한민국 사람들의 미국산 소고기 사랑을 쉽게 알 수 있다. 농촌경제연구원이 국가별 미국산 소고기 수입량을 분석한 결과, 대한민국은 1인당 3.5kg으로 2.4kg의 일본, 1.9kg의 멕시코보다 훨씬 많았다.

2010년 12월 서울중앙지방법원은 당시 PD수첩의 핵심 보도 내용에 대해 '허위'로 판결했다. 첫째로 주저앉는 소에 대해 단정적으로 '광우병에 걸린 소'라고 보도한 것, 둘째로 아레사 빈슨의 사망 원인이 인간 광우병이라고 단정한 것, 셋째로 광우병에 걸린 소고기를 먹으면 한국인이 인간 광우병에 걸릴 확률이 94%라고 보도한 내용 모두 허위라는 것이다.

대한민국에서 가장 큰 방송사인 KBS와 MBC는 사실상 정부에서 사장을 임명하는 구조이다. 이 부분에 대해서는 뒤에서 좀 더 자세히 다루도록 하겠다. 문재인 정부가 들어선 현재 MBC의 사장은 최승호이다. 최승호는 바로 시사교양PD 출신으로 'PD수첩'을 이끌었던 인물이다. 이명박 정부의 발목을 잡았던 'PD수첩'의 광우병 보도, 그리고 좌파 정부인 문재인 정부가 들어서자 MBC사장으로 임명된 'PD수첩'의 주역 최승호, 과연 우연의 일치일까?

3-8.
마크 리퍼트 미국 대사 피습 사건

    2015년 3월 5일 주한 미국 대사인 마크 리퍼트가 서울시 세종문화회관에서 열린 민족화해협력 범국민협의회 조찬 행사에 참석했다. 그런데 이 자리에서 김기종이라는 인물이 마크 리퍼트 대사의 얼굴과 왼쪽 손목 등을 무려 24cm 칼로 여러 차례 찌르는 범행을 저질렀다. 서울시민문화단체연석회의 대표인 김기종은 식사를 하려던 리퍼트 대사를 넘어뜨리고

괴한의 공격을 받은
마크 리퍼트 주한 미국 대사

칼로 찌르기 시작했다. 김기종이 리퍼트 대사를 공격하면서 외친 주장은 "한미연합 군사훈련을 중단하라"는 것이었다.

리퍼트 대사는 얼굴에 무려 80바늘을 꿰매야 했고, 왼쪽 손목 역시 신경접합술을 받아야 했다. 대법원은 김기종에 대해 살인미수 등의 혐의를 인정해 징역 12년형을 확정 판결했다. 재판부는 "범행 경위와 동기 등을 감안할 때 살인의 고의가 있었다고 본다"고 판단했다.

2015년 3월 6일 뉴데일리 보도에 따르면, 김기종은 '우리마당'이라는 단체의 대표이기도 했는데 '우리마당'은 NL계열 노동문화운동단체로 활동의 상당 부분이 종북 성향을 띠고 있는 것으로 전해졌다.

4. 문재인 정부의 반미주의자 현황

 앞서 밝힌 바와 같이 1987년에 있었던 '6월 항쟁'은 북한과 어느 정도 연계 관계에 있던 NL계열이 학생운동의 중심으로 설 수 있는 계기를 마련하게 했다. 상대적으로 이전 주류 세력이었던 마르크스-레닌주의를 추종하던 PD계열은 NL계열의 확장을 지켜봐야만 했다.
 결국 NL계열은 '6월 항쟁' 대승의 기운을 이어가면서 곧바로 8월에 '전국대학생대표자협의회' 즉 '전대협'을 결성하게 된다. 1987년 8월 19일 충남대학교에서 전국 95개 대학의 4천여 명이 참석한 가운데 전대협 발족식을 가졌다. 이를 주도한 사람은 바로 이인영이라는 인물이다. 고려대학교 총학생회장이었던 이인영은 곧바로 전대협 1기 의장 자리를 차지했다. 이인영은 이후 민주당에 입당해 2004년 제17대 국회의원이 됐으며, 2012년 제19대 국회의원, 2016년 제20대 국회의원 등 3선 국회의원으로 현재 활동하고 있다.

4-1.
전대협은 과연 어떤 곳인가?

    일단 문재인 정부에서 활동하는 사람들을 파악하는데 있어서 가장 중요한 조직은 바로 전대협이다. 전대협은 '민족해방민중민주주의혁명(NLPDR) 노선'에 따라 '반미 구국 통일전선'을 형성했다. 여기서 이름도 장황하기 짝이 없는 '민족해방민중민주주의혁명 노선'의 정체에 대해서 이야기할 필요가 있다.

    1970년 북한 김일성은 제5차 당대회에서 '민족해방 인민민주주의 혁명에 대한 교시'를 발표한다.

> "남조선은 미제와 그 주구세력인 매판자본가, 지주, 반동관료배가 국가주권과 생산수단을 쥐고 있는 식민지 반자본주의 사회이다."

> "남조선 혁명은 미제국주의 침략세력을 반대하는 민족 해방 혁명인 동시에 미제의 앞잡이들인 지주, 매판자본, 반동 관료배들과 그들의 파쇼통치를 반대하는 인민민주주의 혁명이다."

위기로 이어졌다. 전대협 모임에서 임종석이 등장만 해도 수만 명의 학생들이 기립해서 '구국의 강철대오 전대협'을 외치며 '전대협 진군가'를 외쳤다고 한다. 박찬수의 'NL 현대사'에 따르면, 임종석에 대한 전대협의 이 같은 모습은 권위를 중시하는 NL계열의 독특한 문화와도 관련이 있다. 좌파 진영 내부에서도 '어린 학생들이 너무 심하다'는 비판이 있었다고 한다. 내부적으로는 경직됐다고 싶을 정도로 권위와 규율을 중시하지만, 외부 활동에서는 대중의 요구를 항상 앞에다 놓고 유연하게 움직이는 것이 바로 NL계열의 특징이다.

당시 전대협의 영향력은 엄청났다. 1990년 시사 잡지인 '시사저널'의 여론조사에서 당시 여당인 민주자유당과 야당인 평화민주당에 이어 '대한민국을 움직이는 단체' 3위에 오를 정도였다. 이는 삼성과 LG, 현대 등이 합쳐진 전국경제인연합회 즉, 전경련보다도 앞선 순위였다.

무엇보다도 임종석은 많은 사람들에게 충격을 줬던 대학생 임수경의 무단 월북 사건 책임자였다. 1991년 안전기획부(현재 국가정보원)가 내놓은 '전대협은 순수 대학생 조직인가'에 따르면, 1989년 6월 북한 평양에서는 세계청년학생축전이라는 행사가 열렸는데, 임종석은 오스트리아 빈에 체류 중이던 북한 조선학생위원회 대표단장, 그리고 사회주의 노동청년동맹 중앙위원회 조직부장 등과 전화통화로 임수경의 참가 문제를 직접 협의한 것으로 나타났다.

당시 임수경과 김일성이 끌어안은 모습은 많은 이들에게 충격을 주었다. 임수경은 관광을 목적으로 일본에 간다고 한 다음, 북한의 도움으로 동독의 동베를린을 거쳐 북한으로 들어갔다. 이후 임수경은 판문점을 통해 걸어서 대한민국에 돌아왔다. 1950년 한국전쟁 이후 수많은 간첩들이

4. 문재인 정부의 반미주의자 현황

임수경, 김일성 사진.
둘의 만남을 임종석 현 비서실장이
추진했다.

남과 북을 드러나지 않게 오갔을 수는 있겠다. 하지만 이렇게 공개적으로 민간인인 대학생이 북한에서 대한민국으로 넘어 온 일은 최초로 기록됐다. 당연히 임수경은 국가보안법 위반으로 징역 5년형을 받았다. 그리고 2012년에는 민주당 비례대표로 국회의원이 되기도 했다.

임종석 역시 임수경 무단 월북 사건의 책임자로서 국가보안법 위반으로 징역 5년형을 받았다. 임종석은 확고한 반미의식을 가진 것으로 유명한데, 1989년 10월 15일 한겨레신문에 따르면 "반미투쟁이야말로 조국통일 투쟁의 관건이다"라고 말했다. 1989년 9월 22일 동아일보에 따르면 "미국이 그동안 공작정치, 경제수탈 등으로 한국민에게 큰 고통을 주어왔다."고 말하기도 했다. 1990년 2월 27일 한겨레신문이 보도한 임종석에 대한 검찰의 공소장 내용에 따르면, 임종석은 "북한 주장과 같은 부분이 많은 것이 오히려 통일을 앞당길 수 있는 길 아니겠는가"라며 당당하게 '북한과 일치하는 통일방안을 신봉한다'는 취지의 발언을 했다. 임종석은 2006년에 남북경제문화협력재단 위원장을 맡기도 했는데, 이 부분은 바

죄수복 입고 끌려가는 임종석 사진

로 아래에서 이어가도록 하겠다.

임종석이라는 인물 이외에도 청와대에는 전대협 출신 인사들이 주요 직책을 맡고 있다. 청와대 연설비서관인 신동호는 전대협 초대 문화국장 출신으로 2004년에는 남북경제문화협력재단 위원장을 맡았고, 2006년에는 이 재단 산하 남북저작권센터 센터장을 맡으며 북한 보도물 등에 대한 저작권 지불 사업을 담당했다. 대한민국의 지상파 방송사 등 언론사가 북한의 조선중앙TV 영상을 사용할 경우, 바로 이 남북경제문화협력재단에 저작권료를 지불해야 한다는 것이다. 도대체 이 재단이 무슨 권한으로 북한과 연계가 되어 대한민국에서 저작권료 징수 대행을 하게 된 것인지 정말로 궁금할 따름이다. 2017년 7월 19일 중앙일보 보도에 따르면, 13년간 북한에 22억 5천만 원을 넘게 챙겨준 게 통일부 집계로 나타났다. 지난 2010년 대한민국 해군장병 46명이 사망하는 천안함 폭침 사건으로 대한민국 정부가 내놓은 5·24 대북제재로 인해 북한에 대한 송금은 차단된 상태이다. 남북경제문화협력재단은 대북제재가 풀리면 곧바로 북한에 송금

4. 문재인 정부의 반미주의자 현황

대한민국 정부를 비난하는
조선중앙방송

하겠다는 입장이다. 현재의 문재인 정부 분위기를 보면 조만간 북한에 돈이 전달될 것으로 보인다.

청와대 민정비서관인 백원우는 전대협 3기 연대사업국장 출신으로 2004년부터 8년간 민주당 국회의원을 하면서 국가보안법 폐지와 주한미군 축소 입장을 내세웠다. 2004년 9월 2일에는 미국 의회의 북한인권법 통과에 반발하며 주한 미국 대사관에 항의서한을 전달하기도 했다.

청와대 제1부속비서관인 송인배는 부산대학교 총학생회장 출신으로 전대협 5기에서 활동을 했다. 1991년 5월 부산대학교에서 진행된 전대협 5기 출범식에서는 성조기 화형식이 벌어지기도 했다.

송인배는 1991년 2월 19일 부산과 울산지역 총학생협의회 의장 권한대행으로 걸프전 파병 반대를 주장하며 "미국이 제국주의적 침략전쟁을 수행한다"고 비난했다.

2003년 8월 7일 한국대학총학생회연합(한총련) 소속 학생들은
미군 부대에 불법 진입, 성조기를 불태우려 했다.
미군 장병은 이를 저지하려 했다.

결국 감행 된 성조기 화형식

4-3.
비전대협(PD계열) 출신 정치인

　　전대협 계열 혹은 NL계열이 아니라고 해서 미국에 우호적이거나 북한의 독재체제에 반대한다고 생각해서는 안 된다. NL과 PD는 일종의 방법론적인 차이가 있을 뿐 큰 틀에서 반미, 친북에 대해 같은 방향성을 갖고 있다고 봐야 한다.

　　1997년 이후부터 대한민국의 대학교 학생회에서는 서서히 비운동권 학생회장이 등장하기 시작했다. 그 이전의 대학교 학생회장이라고 하면 당연히 운동권이라고 보면 된다. 1971년 서울대학교 총학생회장 출신인 김상곤은 2018년 10월까지 대한민국 교육부 장관을 역임했다. 교육부 장관은 사회부총리라고 불리며 대통령, 국무총리, 경제부총리에 이어 국무회의에서 서열 4위에 해당한다. 김상곤은 1971년 11월 13일 중앙정보부(현재 국가정보원)가 발표한 '서울대생 내란음모사건'에 대한 재판에 증인으로 출석하기도 했다. 그리고 2008년 3월 24일에는 "주한미군을 철수시키고 한미동맹을 폐기해야한다"는 주장을 하기도 했다.

　　청와대 민정수석인 조국은 서울대학교 1982년 입학 동기들과 '서울

반미주의자인
대한민국 교육부 장관 김상곤

사회과학연구소'를 창설했다. 소련 마르크스주의 정치경제학 등을 연구하며 NL계열 운동권과 차별화하기 위한 PD계열 운동권의 이론적 기반을 형성하는데 기여했다. 조국은 1993년 남한사회주의노동자연맹 즉 사노맹 사건에 가담한 혐의로 구속되기도 했다. 사노맹은 1988년 결성된 단체이다. 1991년 4월 3일 국가안전기획부(현재 국가정보원)가 사노맹 총책임자인 박노해를 조사한 결과에 따르면, 사노맹은 노동자들을 선동해 임금투쟁을 정치혁명투쟁으로 격화시켜 총파업을 유도한 뒤, 무장봉기를

PD계열의 청와대 민정수석 조국

일으켜 사회주의 혁명을 달성하는 것을 목표로 했다.

하승창 전 청와대 사회혁신수석은 1990년 4월 28일 국가보안법 위반 혐의로 구속된 바 있다. 민족통일 민주주의 노동자동맹 사건 즉, 삼민동맹 사건 때문이었다. 하승창은 동료들과 '민족통일 민주주의 노동자동맹'이라는 단체를 만들었는데, 경기도와 인천지역 노동자들을 상대로 좌경 의식화 교육을 진행했다. 이 단체는 자유민주주의 기본질서를 부정하고 무장봉기에 의한 계급혁명으로 공산주의 국가 건설을 목표로 한 것으로 전해졌다.

4-4.
좌파 정부와 보조를 맞추는 민변

    2017년 8월 21일 문재인 대통령은 대법원장 후보자로 김명수 춘천지방법원장을 지명했다. 김명수는 '국제인권법 연구회'의 초대 회장을 지냈다. 좌파 성향 판사들이 만든 '우리법 연구회'의 후신이라 불리는 단체이다. 좌파 정부인 문재인 정부답게 대법원장도 좌파 성향의 대표적 판사로 불리는 김명수를 지명한 것이다.

    2018년 7월 2일에는 김명수 대법원장이 대법관 후보자로 김선수 변호사를 지명했다. 좌파 성향 판사들의 모임이 '우리법 연구회'와 '국제인권법 연구회'라고 한다면, 좌파 성향 변호사들의 모임은 너무나 유명한 '민주사회를 위한 변호사 모임' 즉, 민변이다. 김선수는 2010년에 민변 회장을 맡았던 인물이다. 그리고 김선수는 2014년 헌법재판소의 통합진보당 해산심판에서 다름 아닌 통합진보당 측 변호인단 단장을 맡기까지 했다. 앞서 밝힌 바와 같이 2014년 12월 19일 헌법재판소는 통합진보당이 북한식 사회주의를 추종하며 북한의 대남혁명전략과 노선을 같이한다는 등의 이유로 재판관 8대1의 압도적인 찬성 의결로 정당 해산을 명령했다.

변호사였던 문재인 역시 민변 출신이다. 민변은 1988년에 조영래 변호사의 주도로 '정의실현 법조인회' 즉 정법회와 '청년 변호사회' 즉 청변을 합쳐 탄생했다. 출범 당시에는 회원 수 51명의 소모임에 불과했으나, 노무현 정부 시절 민변 소속 변호사들이 정관계 요직에 진출하면서 전성기를 맞았다. 민변은 그동안 국가보안법 폐지와 평택미군기지 이전 반대 등 좌파진영의 구호를 꾸준히 외쳐왔으며, 김일성에게 충성을 맹세했던 '왕재산' 간첩단 사건과 다수의 이적단체 연루사건 변론을 맡기도 했다. 이 때문에 민변은 '인권을 빙자해 오히려 국가 정체성과 인권을 파괴 한다'는 비판을 받아왔다.

입법, 행정, 사법부는 명확히 분리돼야만 한다. 특히 사법부는 더더욱 권력으로부터 독립돼야만 한다. 하지만 문재인 대통령은 좌파성향 김명수를 대법원장으로 지명했고, 김명수는 또다시 좌파성향 김선수를 대법관으로 지명했다. 사법부까지 좌파에게 넘어간다면 대한민국의 미래는 과연 어떻게 될까?

민변을 단순히 그냥 좌파라고 할 수 없을 것이다. 좌파, 그 이상이다. 이미 위에서 말한 바 있는 이석기 통합진보당 국회의원의 내란 음모 사건에서 이석기를 변호한 것은 바로 민변 소속 장경욱 변호사였다. 이석기는 혁명조직 RO 조직원들에게 "혁명이 다가오고 있다. 통신·석유 비축 시설과 철도를 습격할 준비를 하라"고 지시를 내린 혐의로 체포됐고, 대법원은 2015년 1월 22일 내란선동 및 국가보안법 위반 혐의를 유죄로 인정해 징역 9년에 자격정지 7년형을 확정했다.

장경욱은 2011년 '왕재산' 간첩단 사건의 변호도 맡았었다. 2013년 11월 27일 조선일보 보도에 따르면, 장경욱은 사건의 핵심 증인이었던 모대학교수 C씨를 공안당국보다도 먼저 찾아가 "조사를 받게 되면 묵비권을 행사해달라"고 요청을 했다. C교수는 왕재산 간첩단의 전신 조직 멤버로 왕재산 간첩단의 실체를 증언해줄 수 있는 핵심인물이었다. 장경욱은 2013년 11월 12일 독일 포츠담에서 북한 대남공작부서인 통일전선부 산하 기관 인사들과 세미나에 참석해 "한반도 불안은 미국과 대한민국 탓"이라는 취지의 말을 했다고 알려졌다. 민변의 친북, 그리고 반미적 태도가 문제인 정부에서도 어떠한 영향력을 발휘할지 앞으로 계속 주시해야 할 문제다.

5. 대한민국 언론의 현황

5-1.
언론노조의 탄생 과정

대한민국의 언론을 좌지우지하는 것은 각 언론사 사주도 아니고, 각 언론사 간부도 아니며, 각 언론사의 기자들도 아니다. 바로 민주노총 산하 언론노조다. 언론노조는 1988년 전국언론노동조합연맹을 창립으로 시작됐는데, 초대위원장은 다름 아닌 권영길이다.

권영길은 서울신문 기자로 활동하면서 1980년부터 1987년까지 무려 7년 동안 파리특파원을 했다. 해외특파원이라는 자리는 자녀의 해외 유학이

언론노동조합연맹
초대위원장 권영길 사진

민주노총 사진

나 가족들의 해외거주비 지원 등으로 인해 큰 특혜를 받는 자리이다. 대부분 3년에서 4년 정도 특파원을 하게 되는데, 권영길은 무슨 이유에서인지 무려 7년이나 파리특파원을 했다. 이 점은 다소 의아해보이기도 한다. 어쩌면 이미 권영길은 회사 내에서 큰 권력을 지니고 있었을지도 모르겠다.

파리특파원에서 돌아온 권영길은 곧바로 전국언론노동조합연맹 창립 작업에 들어가 결국 1988년 11월 26일 프레스센터 국제회의장에서 전국언론노동조합연맹 출범식을 열었다. 앞서 이인영이 주도적으로 전대협을 창립해서 전대협 의장을 맡았던 것처럼, 전국언론노동조합연맹 출범 준비위원장이었던 권영길이 사전에 내정된 계획대로 초대위원장에 올랐다.

권영길의 주도로 만들어진 언론노련은 이후 대정부 투쟁 그리고 기존 언론사 간부들과의 투쟁을 본격화했다. 노동부는 언론노련이 상급노동단체인 한국노총에 가입할 것을 권고하기도 했지만, 언론노련은 뜻을 굽히지 않았다. 이는 향후 한국노총보다 한층 더 강경한 투쟁을 추구하는 민주노총의 탄생으로 이어졌다. 결국 권영길은 1995년 11월 11일에 전국민주노동조합총연맹 즉 민주노총을 창립했다. 민주노총의 위원장은 누가 맡았을까? 바로 권영길이다. 권영길이 주도한 민주노총은 이전의 한국노총과는 비교가 안 될 정도로 총파업 등 강경한 투쟁을 이어갔다. 현재는 민주노총의 산하 단체인 언론노조가 오히려 민주노총을 탄생시킨 모체라고 할 수 있다. 민주노총은 산하에 모두 16개 가맹 조직이 있고, 조합원수는 73만여 명에 이른다. 민주노총 산하에 있는 핵심 노조로는 전국언론노동조합, 전국교직원노동조합, 금속노동조합이 있다. 특히 언론을 담당하는 언론노조와 교육을 담당하는 전교조는 갈수록 영향력이 확대되고 있는데, 대한민국의 미래를 위해서 반드시 견제세력이 필요한 상황이다.

그렇다면 여기서 민주노총은 NL계열에 가까울까 아니면 PD계열에 가까울까에 대한 궁금증도 생기게 된다. PD계열이 '계급투쟁'을 중시, 그리고 NL계열이 '민족'과 '반미'를 중시한다는 측면에서 본다면, 민주노총은 PD계열에 가깝지 않을까하는 생각을 가질 수 있다. 하지만 민주노총은 놀랍게도 NL계열에 더 가까웠다. 박찬수의 'NL 현대사'에 따르면, 민주노총은 외연을 확대해야 한다고 보았다. 즉, NL의 '대중노선'을 통해 더 많은 사람들에게 호응을 얻어야 한다는 것이다. 이로써 PD계열 보다는 NL계열의 주장이 민주노총 내부에서 더 주요한 역할을 차지하게 됐다.

박근혜 정권 당시인 2014년 6월 19일 고용노동부가 전교조를 상대로 법외노조 통보를 한 사안과 관련한 소송에서 서울행정법원은 고용노동부의 손을 들어줬다. 해직된 교사 9명이 전교조에 포함됐기 때문이었다. 법원의 판결로 전교조는 현재 합법적인 노조가 아닌 상태이다. 하지만 문제인 정부가 들어선 지금 전교조는 지속적으로 정부를 상대로 법외노조 철회를 촉구하고 있다. 앞으로 전교조가 다시 합법적인 노조가 될지 두고 볼 일이다. 2017년 5월 25일 한 언론에서 다뤄진 서울시 구로구 궁동 서서울생활과학고등학교의 '서울 통일관'은 많은 사람들에게 충격을 안겨줬다. 언론이 보도한 사진에는 고등학생 6명이 방 안에 앉아있었다. 한쪽 벽에는 김일성과 김정일의 사진이 있고, '당이여 그대는 어머니' 그리고 '장군님 식솔'이라는 글자가 큼지막하게 써있었다. 현재 서서울생활과학고등학교에 전교조 출신 교사가 있는지는 확인할 방법이 없다.

    2010년 4월 20일 우파정당인 한나라당 조전혁 의원은 전교조 조합원의 명단과 소속 학교를 공개했었다. 그리고 대법원은 2014년 7월 24일 조전혁은 명단이 공개된 전교조 소속 조합원들에게 1인당 10만원씩, 총 3억 4천만 원을 지급하라고 확정 판결했다. 재판부는 조전혁이 전교조 조합원들의 사생활의 자유를 침해했다고 판단했다. 따라서 어느 학교에 전교조 교사들이 있는지는 파악하기 어려운 상황이다. 서서울생활과학고등학교의 사례에서 볼 수 있는 것처럼, 학교 안에 김일성과 김정일의 사진을 배치하는 일이 어디서든 일어날 수 있다.

1997년 제15대
대통령 선거의 후보로
출마한 권영길

다시 권영길의 이야기로 돌아오면, 권영길은 이후 정치계에 발을 들여놓으며 본격적인 정치활동을 시작했다. 권영길이 만들고 권영길이 위원장이었던 민주노총은 1997년 좌파 성향 정당을 창당했다. 이름은 국민승리21이다. 그리고 그는 곧바로 1997년 제15대 대통령 선거의 대통령 후보로 직접 나서기도 했다. 30만여 표를 받고 1.2%의 득표율을 기록하며 낙선했다.

그리고 권영길은 또다시 1999년 민주노동당을 창당하는데 나섰다. 민주노동당은 앞서 창당 된 국민승리21과 마찬가지로 민주당보다 한층 더 좌파 성향이 강한 노동자 중심의 정당이다. 권영길은 또 다시 민주노동당의 초대 당대표에 오른다. 그리고 2004년, 제17대 국회의원이 됐고, 2008년 제18대 국회의원에도 올랐다.

1995년에는 언론노련의 기관지로 미디어오늘이 창간됐다. 미디어오늘은 처음에는 언론비평 전문지 성격으로 시작됐지만, 다루는 범위를 점차 넓혔다. 현재는 정치, 경제, 사회, 문화 전 분야를 다루는 종합언론지

1999년 창당된
민주노동당

5. 대한민국 언론의 현황

1995년 창간된
미디어오늘

성격을 보여주고 있다. 당연히 민주노총 그리고 언론노조와 긴밀한 관계를 유지하고 있는 만큼 기사의 편향성 논란이 항상 뒤따르고 있다.

1988년 언론노련으로 시작된 조직은 12년 뒤인 2000년에 전국언론노동조합 즉 언론노조라는 이름으로 창립됐다. 이름을 바꾼 언론노조의 초대위원장은 바로 최문순이다.

최문순은 강원대학교 영어교육과를 졸업하고 MBC에 입사해서 주로 사회부 기동취재반에서 활동했던 기자였다. MBC에서는 그다지 잘 나가던 기자라는 평가는 받지 못했던 것으로 알려졌다. 서울신문에서 무려 7년이나 파리특파원을 했던 권영길과는 비교되는 부분이다. 최문순은 1998년 언론노련의 제6대 위원장으로 2년 간 있다가, 2000년에 민주노총 산하로 들어가며 이름을 바꾼 언론노조의 제1대 위원장으로 2년을 더 맡게 된다. 언론노조 위원장만 무려 4년을 한 것이다. MBC에서는 별로 잘 나가던 기자는 아니었지만, 언론노조에서는 엄청나게 잘 나가는 사람이었던 것이다. 1998년에 시작된 김대중 좌파 정부와 2003년에 시작된 또 다른 좌파 정부인 노무현 정부가 들어섰을 때에도 최문순은 MBC에서 그렇게 잘 나가는 기자는 아니었다. 2002년 2월에 언론노조 위원장 임기를 마치고 회사에 복귀한 다음, 최문순은 기획취재부 차장과 사회부 차장을 맡았고, 그 이후에는 인터넷뉴스부에서 부장대우를 맡았다. 한마디로 주요부서와 주요직책은 단 한 번도 맡았던 적이 없었던 것이다. 당시에 MBC에서 승승장구하던 사람들이 주로 오가는 부서는 정치부와 통일외교부, 경제부 등이고, 더더욱 잘 나간다면 국회 출입기자 아니면 워싱턴 특파원, 뉴욕 특파원, 파리 특파원 등 해외 특파원을 맡는 분위기였다.

그런데 2005년 2월 최문순은 MBC 사장에 오른다. 많은 사람들은 충격에 빠졌다. 48세에 사장이 됐고, 이는 MBC 역사상 최연소 사장이 됐음을 의미하기 때문이다. 사장이 되기 전, 최문순의 직책은 부장 대우였다. 부장과 부국장, 국장, 본부장 등의 직책들을 모두 뛰어넘고 부장 대우에서 갑자기 5단계 가량을 올라선 사장이 된 것이다. 이 같은 파격적인 사장 임명은 기존에 있던 본사 임원들은 물론이고, 부산과 대구, 광주 등 지방

2005년,
최문순 MBC 사장 취임

MBC 사장들의 인사이동에도 큰 영향을 미쳤다.

　왜 이런 파격적인 인사가 이뤄질 수 있었을까? 그것은 바로 김대중 정부와는 또 다른 성격의 노무현 정부였기 때문에 가능했을 것이다. 같은 좌파 성향 정부였지만, 노무현 정부는 그 자체로 파격을 연속적으로 보여줘 왔다. 특히 언론노조 위원장으로 무려 4년이나 있으면서 언론노조에 큰 영향력을 가져왔다는 점도 MBC 내에서의 입지를 뛰어넘는 최문순의 파워를 증명해준 것이다.

　최문순은 2008년 2월, 3년의 사장 임기를 마치고 어떠한 활동을 했을까? 대한민국에서 두번째로 큰 방송사의 사장이었던 그는 곧바로 민주당으로 달려갔다. 언론노조 위원장직을 내려놓은 뒤, 파격적인 인사로 노무현 정부 하에서 사장이 됐던 그가 정치집단으로 뛰어간 모습은 그다지 아름다워 보이지 않는다. 언론의 중립성 의무와 공정성에 대한 책임이 여실히 무너지는 광경이었다. 그는 2008년, 제18대 국회의원이 됐고, 2011년에는 제36대 강원도지사 선거에도 출마해 강원도지사가 됐다. 제37대에 이어 제38대에도 강원도지사에 당선되며 지금 이 순간에도 강원도지사를 맡고 있다. 3선에 성공한 것이다.

　이렇게 인물로만 봐도 언론노조가 어떠한 탄생과 진행 과정을 이뤄왔는지를 쉽게 파악할 수 있다.

　다음은 언론노조의 주요 역사이다.

1988　전국언론노동조합연맹 창립(초대위원장 권영길)
1990　KBS대투쟁

1992　MBC파업 투쟁

1995　언론비평 전문지 '미디어 오늘' 창간

2000　전국언론노동조합 창립(초대위원장 최문순)

2006　한미FTA저지 언론노조 총파업

2007　대선미디어연대 결성

2008　언론사 낙하산 저지 투쟁을 위한 언론노조 총파업

2009　언론장악 저지를 위한 언론노조 2차, 3차 총파업

2012　공정보도를 위한 언론사 총파업(MBC, KBS, YTN, 연합뉴스, 국민일보)

2015　노동개악 저지 민중총궐기

2016　국정농단 박근혜 퇴진 운동

2017　언론적폐 청산 투쟁

이를 보면 언론노조가 언론사 노조원들의 복리후생에 대한 관심보다

언론노조의 파업

는 정치적인 차원의 파업과 투쟁에 얼마나 많은 관심을 기울였는가를 알 수가 있다. 2012년 공정보도를 위한 언론사 총파업은 과연 언론사가 '공정보도'에 대해 어떠한 기준을 갖고 있는가라는 의문을 들게 만든다. 민주노총 산하 언론노조가 주장하는 '공정보도'가 과연 완벽한 정의로움이라고 할 수 있을까? 아울러 2016년에 있었던 '박근혜 퇴진 운동'은 언론사의 편향성을 명확하게 보여주는 행위라고 볼 수밖에 없다.

민주노총 산하 언론노조에 소속돼있는 각종 언론사의 노조 중에서 가장 강력한 강성노조가 있는 곳은 바로 MBC다. KBS와 MBC는 공영방송으로 국민이 주인인 회사다. 이는 굉장히 위험한 구조일 수밖에 없다. 국민이 주인이다 보니 대통령이 바뀔 때마다 사장이 바뀐다. 그렇다면 왜 KBS의 노조는 MBC 노조에 비해 온건할까? 일단 역사부터가 다르다. MBC는 사실상의 언론노조가 1987년 12월 9일에 설립됐다. 그리고 KBS는 MBC와 달리 중립노조라고 불리는 KBS노동조합이 수십 년째 대표노조로서 역할을 다하고 있었다. 2009년 12월 16일에서야 언론노조 KBS지부가 창립됐고, 2010년 1월 13일에 언론노조 KBS본부로 승격됐다. MBC는 1987년, KBS는 2009년. 무려 22년의 차이다. 하지만 이제는 KBS 역시 언론노조 KBS본부의 세력이 갈수록 커지고 있어서 MBC와 마찬가지로 강성투쟁 분위기가 이어질 것으로 예상된다.

결국 좌파건 우파건 중요한 것은 처음 노조를 만드는 용감한 사람 한 명이다. 1987년, MBC에서 용감한 좌파 성향의 인물이 등장해 노조를 만들었고, 이것이 지금의 MBC 문화를 만들게 됐다. 바로 심재철이다. 아이러니는 심재철이 현재는 우파 정당인 자유한국당 국회의원이고, 국회 부의장까지 거친 거물 정치인이 됐다는 사실이다.

MBC 언론노조 파업

그렇다면 MBC는 얼마나 오랜 기간을 파업을 했을까? 최도영, 김강원 공저 '좌파정권 10년, 방송은 이런 짓들을 했다'에 따르면, 우파 정권인 노태우 정부 때 90일, 김영삼 정부 때 36일 파업을 했다. 그리고 좌파 정권인 김대중 정부 때 15일 파업을 하더니, 노무현 정부 때는 0일을 기록했다. 그나마 김대중 정부 때의 파업은 정부 비판과 관련된 내용이 아니라 '방송법 개혁을 요구'하는 파업이었다. 그러다가 다시 우파정권인 이명박 정부가 들어서자 MBC는 무려 232일을 파업했다. MBC는 이명박 대통령 5년 임기의 13% 가량 해당되는 기간을 파업으로 보낸 것이다. 의외로 박근혜 정부 때에는 파업이 없다가 좌파정권인 문재인 정부가 들어서자 72일간의 파업을 진행했다. 이유는 바로 박근혜 정부 때 임명된 김장겸 사장을 몰아내기 위한 파업이었다. 그리고 72일간의 파업은 김장겸 사장이 해임된 2017년 11월 14일 끝났다.

그런데 이명박 정부 때인 2009년 3월에 코미디 같은 일이 벌어졌다. 언론노조 MBC본부 소속 노조원들이 '세계인에게 보내는 영상메시지'라

5. 대한민국 언론의 현황

김장겸의 해임이 알려지자
노조원은 기쁨의 눈물을 흘렸다.
이후 노조 파업은 종료됐다.

는 것을 유튜브 영상으로 제작해 게시했다. 영어와 프랑스어, 스페인어와 일본어, 중국어로 영상을 만들었는데, '대한민국이 독재국가'라는 내용이었다. 특히 중국어로 발언을 한 방현주 아나운서는 "대한민국의 민주주의가 위기에 처해있습니다. 13억 중국인들이여!"라는 말을 했다. 대한민국 공영방송사의 아나운서가 중국에다가 자신의 나라의 민주주의가 위기에 처해있다고 말하는 황당한 일이 벌어진 것이다. 하지만 이들은 국가로부터 아무런 제지도 받지 않았다. 왜냐하면 대한민국은 독재국가가 아니기 때문이다. 오히려 중국 CCTV의 아나운서가 유튜브에 자신의 나라가 독재국가라고 했다면 어떻게 됐을까? 과연 중국인들이 얼마나 자유롭게 유튜브로 이런 동영상까지 볼 수 있었을지는 모르겠다. 대한민국 공영방송에 소속된 기자와 아나운서, PD 등의 수준이 얼마나 떨어졌는가를 보여준 사건인 것 같아 안타까운 마음이다.

언론사는 객관적 사실을 시청자와 독자들에게 올바르게 전달을 하는 임무를 다하면 된다. 스스로 어떠한 목적의식을 가지고 있다는 것을 드러

방현주 아나운서는 중국어로
대한민국의 민주주의가
위기에 처해있다 알렸다.

내는 것이 과연 객관적 언론의 자세라고 말할 수 있겠는가? 그렇다면 민주노총 산하 언론노조의 편향성과 관련해 어떤 점이 문제인지 자세히 짚어보도록 하겠다.

5-2.
언론노조의 편향성

　　언론노조는 민주노총 산하 단체이다. 대한민국에서 가장 큰 노동단체는 한국노총이고, 그 다음이 바로 민주노총인데, 민주노총은 한국노총에 비해 더욱 강경한 투쟁을 하는 경우가 많다. 좌우를 기준으로 따진다면, 한국노총보다 더 좌측으로 많이 이동한 단체가 바로 민주노총이다. 결국 언론노조가 민주노총 산하라는 사실 하나로도 노조의 편향성을 엿볼 수 있다. 앞서 말했듯, 권영길에 의해 먼저 언론노조가 만들어지고, 그 다음에 민주노총이 만들어진 만큼, 언론노조가 오히려 민주노총의 모태라고 할 수 있다. 언론노조와 민주노총의 관계는 아주 각별하다.

　　민주노총은 아직도 1980년대에서 벗어나지 못했다. 1987년 '6월 항쟁' 이후 NL계열이 중심이 된 386들이 대한민국 사회에서 중추적인 위치에 포진해 있다고 하지만, 이제는 시대가 바뀌어도 너무 많이 바뀌었다. 아직도 386의 시각으로 반미, 친북을 외치니 한심할 따름이다. 매년 8·15 광복절에는 좌파단체들이 대규모 집회를 연다. 그리고 이들의 구호는 언제나 반미, 친북으로 이어진다. 대한민국이 일본 제국의 지배에서 벗어날

2004년 8월 15일 광복절
성조기 찢기 퍼포먼스

수 있었던 데에는 미국이 1945년 8월 6일 일본 히로시마에 투하한 리틀보이, 그리고 1945년 8월 9일 일본 나가사키에 투하한 팻맨이 결정적이었는데도 말이다. 제2차 세계대전에서 일본과 싸우면서 얼마나 많은 미군 희생자들이 나왔는지 아는가. 미국에 대한 감사함을 모르는 것 같다. 최소한 8·15 광복절에는 반미를 외치지 말아야 한다. 너무나 부자연스러운 일이다.

2017년 8월 15일, 민주노총 등 2백여 개 좌파 단체로 구성된 8·15 범국민평화행동은 서울시청광장에서 범국민대회를 열고, 사드배치 철회와 한미연합 군사훈련 중단을 외쳤다. 언제나처럼 미국 정부를 겨냥하는 것이 이 모임의 핵심이다. 주최 측 주장 1만 명, 경찰 추산 6천명이 모인 대규모 집회였다. 당초 이들은 미국 대사관 포위 집회를 의미하는 '인간띠 잇기' 시위를 계획했지만, 법원이 허락하지 않았다. 대신 집회 참가자들은 미국 대사관 앞 광화문광장과 세종로 4개 차로를 점거한 뒤, "도널드 트럼프는 사드를 들고 떠나라"고 외쳤다. 성조기를 찢는 퍼포먼스도 잊지

5. 대한민국 언론의 현황

않았다.

2015년 8월 15일에도 민주노총 등 좌파단체들은 서울 종로구 대학로 마로니에 공원 주변에서 광복 70주년 8.15 민족통일대회를 열었다. 주최 측 주장 7천 명, 경찰 추산 5천 명의 집회였다. 이들은 성조기 찢기 퍼포먼스를 잊지 않았다. 하지만 이번에는 너무나 괘씸한 퍼포먼스였다. 성조기와 일본의 제국주의를 상징하는 욱일승천기를 섞어놓은 깃발을 꺼내들었다. 미국이 제2차 세계대전에서 일본과 싸우면서 얼마나 많은 미군 장병들을 희생했는지 모르는가? 소중한 미국의 젊은이들이 자신들의 꿈을 다 펼쳐보지도 못하고 일본 제국주의에 맞서서 싸웠다는 사실을 잊었는가? 미국 젊은이들의 희생으로 대한민국이 8·15 광복절을 맞이했다는 사실을 외면하는가? 민주노총 등 좌파 단체들은 성조기와 욱일승천기를 합쳐놓은 깃발을 마치 자랑스럽다는 듯이 다함께 즐기며 찢었다. 2015년 8월 17일 뉴데일리는 이들의 행위가 '북한 군중대회'와 판박이 집회였다고 비판했다. 북한은 이 집회가 있기 전인 2015년 7월 29

2015년 8월 15일에 열린 광복 70주년 8·15 민족통일대회에서 성조기와 욱일기를 합친 깃발을 찢는 집회 참가자들

언론노조는 공정성 운운하며 자신들의 입맛에 맞지 않는 경영진을 내쫓는다.

일, 정전협정 체결 62주년 공군지휘관 전투비행술 경기대회에서 인민군이 성조기를 짓밟는 퍼포먼스를 했다. 이와 크게 다르지 않았다는 지적이다. 이날 8월 15일에도 민주노총 등 좌파단체들은 미군철수와 한미연합 군사훈련 중단, 미군 사드 한반도 배치 반대를 외쳤다. 이들의 미국 혐오는 북한의 대남전략전술의 핵심 내용과 과연 어떤 점이 다른지 의문이다.

민주노총 산하 언론노조는 자신들의 입맛에 맞지 않는 경영진을 내쫓기 위한 수단으로 '언론의 공정성'을 주장한다. 하지만 언론노조는 그 누구보다도 '언론의 공정성'에 있어서 창피한 상황에 놓여있다. 참으로 뻔뻔한 주장이 아닐 수 없다. 기울어진 운동장에서는 이들의 주장에 반박하는 목소리는 거의 모기 소리에 가깝다. 이들의 주장만 스피커를 통해 국민들에게 쩌렁쩌렁 울리고 있다.

언론노조의 홈페이지를 들어가 보면, 언론노조는 자랑스럽게 '정치위원회'가 있음을 당당히 알리고 있다.

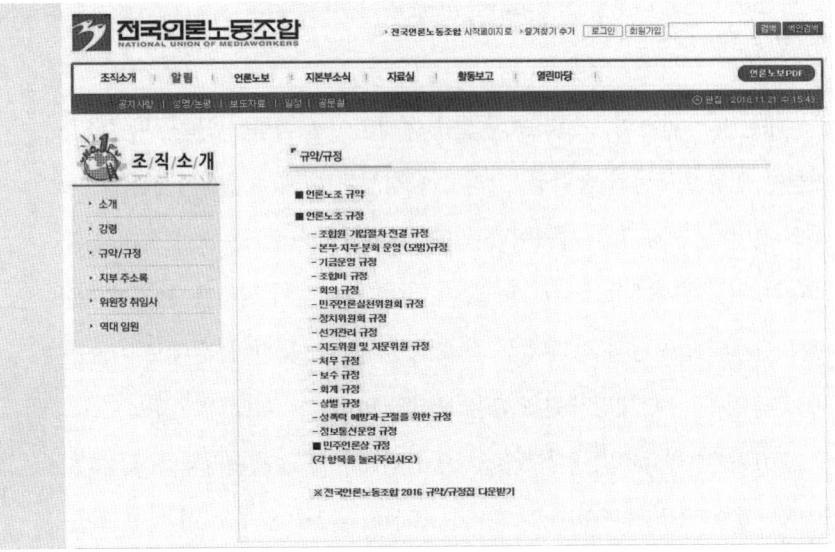

언론노조 규약 규정 홈페이지 캡쳐

언론노조 규약과 규정에서 '정치위원회의 목적과 사업' 부분이 나오는데, 이렇게 써있다.

"정치위원회는 조합의 강령과 규약, 정치방침에 따라 조합의 정치 활동 역량을 강화하고 민주노총과 제 민주단체 및 진보정치세력과 연대하여 노동자 민중의 정치세력화를 위하여 다음 각 호의 사업을 추진한다."

다음 각 호의 내용들을 보면 아래와 같다.

1. 노동자의 정치세력화 및 진보정당 활동 관련 교육선전

2. 노동자 정치활동 역량의 조직화

대한민국 언론의 부끄러운 현실을 여지없이 보여주고 있는 부분이다. 이들은 언론으로서의 중립성, 그리고 공정성에 대해서 관심이 없음을 드러낸 것이다. 우파 정치 세력이나 우파 정당과는 거리를 두거나 적대적 관계를 유지하겠다는 뜻을 스스로 밝힌 것이다. 이들이 써놓은 진보정당은 바로 현재의 민주당과 정의당 등 좌파 성향 정당을 뜻한다. 실제로 이들은 2012년 이후 더욱 대담해진 모습을 보이고 있다.

2012년 3월 27일, 언론노조는 통합진보당과 정책협약식을 갖는다. 2012년 4월 11일의 제19대 국회의원 총선거를 2주 앞두고 이 같은 일을 한 것이다. 특정 정당과 밀월관계를 갖겠다는 점을 당당히 드러낸 것이다. 더더욱 문제는 통합진보당은 대한민국을 북한에 넘겨주려한 혐의로 헌법재판소에 넘겨진 논란의 정당이다. 통진당은 2014년 12월 19일 헌재재판관 9명 중 8명의 결정으로 해산됐다.

언론노조-통진당
정책협약식

5. 대한민국 언론의 현황

언론노조-문재인
정책협약식

언론노조의 만행은 여기에서 그치지 않았다. 박근혜 대통령이 통진당의 해산과 똑같이 헌법재판소에서 재판관 8명에 의해 탄핵된 이후 2017년에는 갑작스러운 대통령 선거가 벌어졌다. 이 때 언론노조는 또다시 좌파 정당을 찾아 나섰다.

2017년 5월 9일에 대통령 선거가 치러졌는데, 역시 이를 2주가량 앞둔 2017년 4월 24일에 언론노조는 더불어민주당 문재인 후보와 정책 협약을 맺는다.

언론노조는 바로 다음날인 2017년 4월 25일, 정의당 대선후보인 심상정과 정책협약식을 갖는다.

당시 대통령 선거는 더불어민주당 문재인 후보, 자유한국당 홍준표 후보, 그리고 국민의 당 안철수 후보의 3파전이었다. 물론 문재인이 여론조사에서 홍준표와 안철수에 비해서 앞서고 있는 상황이었다. 하지만 언론노조가 자유한국당과 국민의 당과는 대화하지 않는 상황에서 더불어민주당, 그리고 정의당과 정책협약식을 가진 것은 상당히 편향적인 모습을

언론노조-정의당
정책협약식

스스로 보여준 것이다.

이처럼 편향적인 모습을 보이는 언론노조는 과연 대한민국 언론에 어느 정도 영향을 미칠까? 앞으로 나올 언론노조의 구성을 살펴보면, 언론노조가 사실상 대한민국 언론을 쥐고 흔들고 있음을 확실히 알 수 있다.

5-3.
언론노조의 구성

민주노총 산하 언론노조가 밝힌 조합원 수는 실로 어마어마하다. 2018년 2월 22일의 총 조합원 수는 1만 2천 887명이다. 조합원이 1천 명 이상인 본부 조직이 3개가 있으며, 조합원이 30명 이상인 지부가 103개, 그리고 30명 미만인 32개 분회가 있다.

정말 놀라울 정도로 어마어마한 조직이다. 대한민국 언론사 중 가장

언론노조 집회

큰 규모를 차지하고 있는 KBS를 비롯해, MBC와 SBS 등 지상파 방송사 3사 직원의 상당수가 언론노조 소속이다. 뉴스 전문채널인 YTN을 비롯해 MBN과 연합뉴스TV 등의 직원들도 상당수가 언론노조 소속이다.

    신문사의 경우, 조선일보를 비롯해 중앙일보와 동아일보 등 3대 신문사를 제외한 거의 모든 신문사의 직원들이 언론노조 소속이다. 그나마 조선, 중앙, 동아 세곳이 언론노조 소속이 아니라는 점은 한편으로는 다행스럽다고 볼 수도 있다. 하지만 현재는 신문사의 판매부수가 큰 의미가 없는 시대이다. 요즘 대한민국에서는 사람들이 신문을 구독해서 지면으로 된 기사를 읽는 경우는 드물다. 대다수의 사람들이 스마트폰을 이용해서 네이버와 다음 등 포털사이트에 친절하게 편성돼있는 각 언론사의 기사 내용을 수동적으로 받아들이고 있다.

    네이버 등 포털사이트가 장악한 스마트폰의 현실을 짚어야 하는 이유

네이버 건물 외경

는 대한민국의 언론이 너무나 쉽게 언론노조에 장악될 수 있다는 점을 보여주기 때문이다.

조선, 중앙, 동아일보의 신문 판매부수가 아무리 앞섰다고 해도 네이버는 스마트폰을 장악했다. 이 세곳의 신문사는 현재 한겨레, 경향, 한국, 서울 등 수많은 신문사들과 비교했을 때 영향력 면에서 큰 차이가 없다. 네이버 등 포털에서는 조선일보의 기사보다 상황에 따라 한겨레와 경향신문 기사가 더 많이 메인화면에 노출되기도 한다.

5-4.
네이버의 좌편향성

사실상 대한민국에서 가장 큰 영향력을 가진 언론매체는 바로 네이버이고 그 다음이 DAUM이다. 한국에서는 '누군가의 뒤' 즉, '다음'이라는 단어와 DAUM이 같은 발음이다. 어쩌면 다음은 2등의 운명을 스스로 이름에서부터 나타내고 있는지도 모르겠다.

이 말은 곧 대한민국 사람들의 여론을 좌지우지하는 언론의 영향력은 언론사의 규모와 연관이 없다는 얘기이다.

네이버라는 공룡 포털이 각 언론사의 기사들 중 원하는 방향의 기사를 스스로 재단해 대한민국 국민들에게 선별적으로 전달하고 있다.

네이버가 압도적 1등이고, DAUM 즉, 다음이 2등인데 둘 사이에는 미묘한 성향 차이가 존재한다. 물론 네이버와 다음 둘 다 좌파 성향 편집에 가깝다고 평가할 수 있다. 하지만 다음은 네이버보다 조금 더 좌편향성이 강하다.

문재인 정부의 전 청와대 대통령비서실 국민소통수석으로 윤영찬이라는 인물이 있다. 윤영찬은 2008년 네이버에 입사해 2013년부터 네이버

5. 대한민국 언론의 현황

네이버
배치 화면

다음 뉴스
배치 화면

윤영찬 전 국민소통수석

부사장을 맡아오던 사람이다. 그리고 2017년 4월 더불어민주당 중앙선거대책위원회 SNS본부 공동본부장을 맡았다. 문재인이 대통령에 취임한 2017년 5월부터는 대통령비서실 국민소통수석으로 일했다. 좌파 정부와 네이버의 관계를 명확하게 보여준 사례였다.

대한민국에서 가장 영향력이 큰 네이버가 자의적으로 언론사들의 기사들을 배치해 전달했고, 그 내용들이 누구에게 더 유리하도록 기울었는지 쉽게 알 수 있다. 그런데 더더욱 큰 사건이 대한민국을 흔들었다. 바로 '드루킹 댓글 조작 사건'이다.

5-5.
여론조작의 실체를 보여준 드루킹 사건

구글을 많이 사용하는 사람들은 이해하기 어려울 수도 있다. 대한민국의 넘버원 포털사이트인 네이버는 하나의 화면에 정치, 경제, 사회, 문화 등 각 분야의 주요뉴스를 자의적으로 배치해 네이버 이용자들에게 보여준다. 그리고 해당 뉴스를 클릭하면, 네이버 화면 안에서 댓글을 쓰고 '공감' 혹은 '비공감' 등의 표시까지 할 수 있다. 더더욱 심각한 문제는 '공감'을 많이 얻은 댓글을 최상위에 배치한다는 것이다. 이게 바로 '드루킹 사건'의 핵심이다.

네이버 기사 댓글 사진. 공감을 많이 얻으면 최상위에 배치된다.

사람들은 어느 순간부터 이상함을 느끼기 시작했다. 문재인 대통령을 지지하는 댓글들이 거의 모든 기사마다 가득했다는 것이다. '공감'을 많이 얻은 댓글들이 최소 10개 이상 가장 눈에 띄는 위치를 차지하는데, 문재인 대통령을 비판하는 댓글은 하나도 보이지 않았다. 일각에서는 북한이 중국을 통해서 대한민국 여론을 조작하기 위해 공작을 하는 것 아닌가 하는 의혹을 제기하기도 했다. 물론 이 가능성은 여전히 존재한다. 북한의 이른바 '사이버전사'라고 불리는 해커 부대원들은 3만 명에 이른다는 말까지 나오고 있기 때문이다.

그런데 드루킹 사건은 어이없게도 과거에 한 팀이었던 사람의 '배신과 복수'로 인해 세상에 알려지게 됐다. 2018년 1월 19일 청와대 국민청원 게시판에 네이버 뉴스 댓글 조작 의혹이 제기됐다. 누군가가 계속 문재인 정부를 비방하고 있다는 이유 때문이었다. 결국 네이버와 더불어민주당은 수사를 의뢰했고, 2018년 4월 13일 서울지방경찰청 사이버수사대는 필명 '드루킹'이라는 김동원씨를 체포해 구속했다. 이후 경찰은 드루킹을

'드루킹' 김동원씨의 사진.
이어마이크를 차고 있다.

5. 대한민국 언론의 현황

느룹나무 출판사

포함해 모두 5명이 여론조작에 가담한 사실을 찾아냈다고 밝혔다. 그런데 충격적인 사실은 바로 드루킹을 비롯한 5명 모두 더불어민주당 당원이었다는 것이다.

원래 가장 충격적인 고발은 바로 내부에서 나오는 것이다. 드루킹 일당은 2016년 제19대 대통령 선거 때부터 네이버 여론조작 활동을 펼쳐온 혐의를 받고 있다. 이후 문재인이 대통령으로 당선되자 이들은 문재인의 핵심 측근인 당시 더불어민주당 김경수 의원에게 일본 오사카 총영사 자리 등에 대한 인사 청탁을 했다. 하지만 김경수 의원은 드루킹에게 '오사카 총영사 자리는 다른 사람으로 정했으니 대신 센다이 총영사 자리'를 제안한 것으로 전해졌다. 이에 드루킹은 '센다이는 오사카에 비하면 작은 곳이고 원전 사고가 난 후쿠시마와 인접해 기피 지역'이라며 불쾌감을 드러낸 것으로 알려졌다. 결국 인사청탁이 무산되면서 문재인 정부와 오히려 결별하게 된 드루킹이 문재인 정부를 비난하는 댓글을 써오다가 경찰에 적발되는 웃지 못 할 상황이 벌어진 것이다.

드루킹의 혐의와 관련해서는 국회에서 특검법까지 통과된 상황이기 때문에 앞으로 더욱 많은 내용이 밝혀질 것으로 보인다. 일단 2018년 5월 7일 수사 기준으로 본다면, 최초 적발된 1월 17일부터 18일까지 단 이틀 동안의 댓글 조작 범행에서 드러난 아이디만 2290개이고, 조작 댓글 수는 2만개가 넘는 것으로 나타났다.

이렇게 논란이 커지면서 경상남도 도지사 선거에 출마한 김경수에 대해 후보 사퇴 주장들이 나오기 시작했지만, 잠시 주춤하는가 했던 김경수는 결국 출마를 강행했고, 그는 보란 듯이 경상남도 도지사에 당선됐다. 물론 도지사직이 계속 유지되는가 여부는 특검 수사 결과에 따라 결정될 것이다.

특히 이들은 '매크로 프로그램'을 활용해서 특정 댓글에 자동으로 '공감'을 누르게 했는데, 이로 인해 적은 인원으로도 훨씬 많은 사람들이 '공감'을 누른 것처럼 여론 조작이 가능했던 것이다.

2018년 7월 23일 대한민국 국민들은 또 한 번 충격에 빠졌다. 드루

경상남도 도지사에
당선된 김경수

2018년 7월 23일 자살을 한 정의당 노회찬 원내대표.

킹에게 거액의 정치자금을 받았다는 의혹을 받고 있던 정의당 노회찬 원내대표가 투신자살을 했다. 노회찬은 PD계열 노동운동가 출신의 3선 국회의원으로 좌파 진영의 거물 정치인이었다. 노무현 전 대통령이 2009년 5월 23일 스스로 목숨을 끊은 이후 또 한 번 검찰 수사와 관련해 안타까운 죽음이 이어진 것이다. 노회찬은 서울시 중구 신당동의 한 아파트에서 투신자살했고, 유서를 남겼다. 유서 내용은 '드루킹 사건과 관련해 금전을 받은 사실은 있지만, 청탁과는 관련이 없다. 가족에게 미안하다'는 취지였다.

특별검사팀은 노회찬이 2016년 3월 드루킹의 아지트인 경기도 파주 느릅나무 출판사를 찾은 자리에서 2천만 원을 받고, 노회찬 부인의 운전기사를 통해 3천만 원을 추가로 받았다는 진술을 확보한 것으로 알려졌다. 이와 함께 노회찬이 드루킹이 초청한 강연에 참석한 뒤 강연료로 2천만 원을 받았다는 드루킹 측 진술도 확보한 상태였고, 이 같은 금품거래를 뒷받침하는 자금 내역까지 입수한 것으로 전해졌다.

드루킹은 2017년 5월 17일 자신의 트위터에 노회찬을 비롯해 정의당과 관련된 내용의 글을 올린 적이 있었다. 정의당은 PD계열 운동권 출신이 주축인 정당이다. 내용은 다음과 같다.

"야 정의당과 심상정 패거리들… 너희들 민주노총 움직여서 문재인 정부 길들이려고 한다는 소문이 파다한데, 내가 미리 경고한다. 지난 총선 심상정, 김종대 커넥션 그리고 노회찬까지 한 방에 날려 버리겠다. 못 믿겠으면 까불어 보든지"

심상정은 정의당 당대표 출신에 2017년 대통령 선거에서는 대통령 후보로 출마했던 거물급 인물이다. 김종대 역시 정의당 국회의원이다. 앞으로 특별검사팀이 수사를 제대로 진행할 수 있을지는 의문이지만, 드루킹이 얼마나 큰 영향력을 행사해왔는가를 보여주는 대목이다.

5-6.
네이버를 뉴스 편집에서 떼어낸 중대 사건

　말도 많고 탈도 많았던 네이버 뉴스 편집 권한에 대한 논란은 결국 드루킹 사건으로 결정타를 맞았다. 2018년 5월 9일 네이버는 '뉴스 서비스 개선안'을 발표했다.

　한성숙 네이버 대표는 2018년 9월 1일부터 뉴스 편집에서 완전히 손을 떼겠다고 밝혔다. 구글처럼 어떠한 뉴스 기사를 클릭하면 해당 뉴스 기사가 작성된 언론사 사이트로 연결되는 이른바 '아웃링크' 방식에 동의한다고 말했다. 네이버 뉴스 댓글이 조작논란에 휩싸인 만큼 이를 원천적으로 차단하겠다는 것이다. 뉴스 댓글은 네이버가 아닌 각 언론사가 담당하게 되는 것이다.

　아울러 네이버는 각 언론사 기사들의 중요도를 직접 판단해 메인 화면에 배치하면서 논란이 컸던 편집 권한 부분에 대해서도 전면 개편하기로 했다. 앞으로는 각각의 언론사가 직접 편집한 뉴스가 언론사별로 네이버에 노출되는 서비스를 새로 만들기로 했다.

　예를 들어 이전까지는 MBC의 문재인 대통령 관련 뉴스, KBS의 더

네이버 뉴스 화면

구글 화면

불어민주당 관련 뉴스, 한겨레신문의 민주노총 관련 뉴스가 네이버의 메인뉴스로 편성되던 방식이었다면, 앞으로는 MBC, KBS, 한겨레신문이 각자의 섹션을 가지고 네이버에 노출되는 것이다. 네이버 이용자들은 자신들이 원하는 언론사의 섹션을 선택하면 해당 언론사가 선정한 주요 뉴스들을 볼 수 있게 된다는 것이다.

아울러 네이버는 '실시간 급상승 검색어'를 빼겠다는 입장도 밝혔다.

```
급상승 검색어    DataLab. 급상승 트래킹 >
    1~10위        11~20위
1  신아영
2  조선일보 손녀
3  붉은달 푸른해
4  이서원
5  황후의 품격
6  마녀의 레시피
7  택배 파업
8  exid
9  싱스트리트
10 한세대학교
2018.11.22. 15:35:00 기준 ?
```

네이버 실시간 검색어 순위

이 역시 구글에서는 보기 어려운 일인데, 네이버는 그동안 검색어 순위를 통해 여론의 흐름을 보여주는 듯했다. 그런데 문재인 지지자들에 의해 검색어 순위가 조작될 수 있다는 것이 너무나 쉽게 드러났다. 2017년 11월 15일, 네이버 검색어 순위 2위에 너무나 뜬금없는 글이 올라왔다. 바로 '사랑해요 김정숙'이라는 황당한 검색어였다. 이날은 문재인 대통령의 부인 김정숙이 63번째 생일을 맞은 날이다. 문재인 지지자들의 페이스북 커뮤니티인 '문재인과 함께 사람 사는 세상을 만드는 사람들'이라는 곳에서 특정 시간에 단체로 '사랑해요 김정숙'을 검색어로 올리자는 지시를 올린 글이 등장했다. 이들은 한국시간으로 오전 10시와 오후 12시, 오후 2시에 이 같은 글을 검색어로 올리자고 글을 썼고 실제로 그 시간에 해당 글은 2위까지 올랐다. 참으로 코미디 같은 일이다. 그런데 이들의 만행은 이번으로 끝나지 않았다.

평화올림픽 평양올림픽 검색어 경쟁

    문재인 지지자들은 2018년 1월 24일에는 '평화올림픽'이라는 글을 네이버 검색어 순위 1위에 올렸다. 이날은 바로 문재인 대통령의 65번째 생일이었다. '평화올림픽'은 문재인 대통령이 "평창 동계올림픽을 남북한 평화의 계기로 삼자"고 말한데 따른 것이다. 이미 앞서 김정숙 생일 이벤트로 수많은 사람들에게 거부감을 일으킨 바 있는 문재인 지지자들의 검색어 조작행위는 오히려 역효과가 일어나기도 했다. 조직화되지는 않았지만, 자발적인 반대 여론에 따라 '평화올림픽' 검색어에 맞대응하는 검색어가 곧바로 2위까지 오르게 됐다. 그것은 바로 '평양올림픽'이다. 평화와 평양. 비슷한 발음이지만 전혀 다른 의미를 가진 두 단어의 검색어 경쟁이었다. 문재인 대통령의 평화 주장이 북한에 비굴한 모습으로 비춰지면서 평창 올림픽을 평양에 내줬다는 비아냥의 의미이다.

    결국 네이버는 검색어 순위 문제를 근본적으로 해결하겠다는 입장을 나타냈는데, 과연 순위 매기기 좋아하는 대한민국 사람들의 특성을 무시하는 결단을 내릴지는 주목해볼만한 대목이다. 2위 포털사이트인 다음은 여전히 검색어 순위는 물론이고 뉴스 편집 방식을 그대로 사용할 것으로 보인다. 상대적으로 다음에 비해 이른바 '재미'가 없어지는 네이버가 용감한 선택을 할 수 있을지 그리고 그 선택을 계속 이어갈 수 있을지는 좀 더 지켜봐야 한다.

5-7.
민주노총에 가입한 네이버

네이버의 공정성 논쟁은 앞으로도 계속 이어질 가능성이 매우 높다. 네이버에서 노조가 설립됐고, 매우 놀랍게도 그 노조는 2018년 4월 2일 민주노총에 가입했다. 네이버 직원들이 민주노총 노조원들이 된 것이다. 네이버가 설립된 이래 19년만의 일인데, IT기업 중 대기업이나 외국계 기업을 제외한 곳에서 노조가 설립되기는 네이버가 처음이다. IT기업인 네이버는 민주노총에서 '화학섬유식품 부문' 노조로 들어갔다. IT기업에서 민주노총 가입 자체가 최초이기에 벌어진 현상이다. 네이버는 일하는 직원 수가 일본에 설립된 라인을 제외하고 본사와 계열사를 합쳐 4천여 명에 이른다. 네이버 직원들의 민주노총 가입은 앞으로 다른 IT기업들에게도 영향을 미칠 것으로 보인다.

게다가 대한민국 포털사이트 1위인 네이버 직원들이 민주노총 소속이 되면서 앞으로 이들이 뉴스 배치와 각종 블로그 선정과 화면 편집 등에서 어떠한 공정성을 보장할 수 있을지에 대해서 우려의 목소리가 나올 수밖에 없다. 이미 대한민국 언론사 위에 위치한 네이버이기 때문에 이 같은

5. 대한민국 언론의 현황

우려는 앞으로도 계속 제기될 것으로 보인다.

5-8.
다음 출신 청와대 비서관 그리고 MBC 보도국장

앞서 네이버 부사장 출신인 윤영찬 청와대 대통령 비서실 국민소통수석에 대해서 말한 바 있다. 문재인 정부는 네이버 인사만 청와대로 영입한 것이 아니다. 문재인 정부는 청와대 뉴미디어비서관으로 정혜승이라는 인물을 영입했다. 정혜승은 카카오 부사장을 맡아오던 사람이다. 문화일보 기자 출신인 정혜승은 2008년 다음에 입사했다. 네이버도 좌편향적이지만, 다음은 네이버보다 조금 더 좌편향적이다. 다음은 2014년에 카카오에 인수, 합병된 상태이다. 따라서 포털사이트의 명칭 자체는 다음이지만, 회사로 말하면 카카오인 것이다. 정혜승은 2017년 1월부터 카카오 부사장이 된 뒤, 문재인 정부가 출범하자 청와대 비서관이 된 것이다. 네이버에 이어 다음 역시 얼마나 문재인 정부와 가까운 관계인가를 보여주는 대목이다. 재미있는 점은 또 있다. 2018년 6월 18일 MBC 보도국장으로 박성제가 임명됐다. 현재 MBC는 민주노총 산하 언론노조 부위원장 출신인 최승호가 사장을 맡고 있으며, 박성제 역시 민주노총 산하 언론노조 MBC 본부 위원장 출신이다. 그런데 박성제는 다름 아닌 정혜승의 남편이다. 이

5. 대한민국 언론의 현황

정혜승, 박성제 사진.
가운데 있는 인물은 현재
JTBC의 대표인 손석희이다.

런 관계만 봐도 MBC 뉴스가 얼마나 객관적이고 공정성을 가질까에 대한 의문이 제기될 수 있는 것이다.

5-9.
KBS와 MBC 사장 선임 그리고 언론노조

    KBS는 KBS이사회에서 사장을 결정하고, MBC는 방송문화진흥회에서 사장을 결정한다. KBS이사회는 11명의 이사들로 구성되는데 여권 추천이 7명, 야권 추천이 4명이다. MBC 방송문화진흥회는 9명의 이사들로 구성되는데 여권 추천이 6명, 야권 추천이 3명이다. 사실상 여당이 사장을 결정하는 구조이다. 얼핏 보면 우파 정당이 집권하면 KBS와 MBC는 손쉽게 우파 성향 방송이 되는 것 아니냐고 생각할 수도 있겠다. 하지만 절대로 그럴 수가 없는 이유가 있다. 바로 민주노총 산하 언론노조가 있기 때문이다. 사장은 어차피 5년 단임제인 대통령이 물러나면 언제든지 바뀔 수 있다. 하지만 직장 동료들은 30~40년을 함께 해야 한다. 직장 동료들이 대부분 언론노조원인 상황에서 언론노조의 눈치를 볼 수밖에 없다. 문제는 좌파 정당이 집권하는 경우이다. 이때는 사장도 좌파 정부에서 지정한 사람이 될 뿐만 아니라, 회사 직원들까지 모두 좌파 성향인 언론노조원이기 때문에 KBS와 MBC 모두 좌파 성향 방송을 마음껏 할 수 있게 된다. 심각한 문제이다.

KBS와 MBC 노조 집회

여기서 끝이 아니다. 좌파 성향 직원들이 대부분인 현실에서 이들은 여러 가지 압박을 통해 이사진 교체까지 이루게 된다. 먼저 MBC의 예를 들어보겠다. 2017년 5월 9일 문재인 대통령이 취임했다. 박근혜 대통령이 탄핵되고, 예정보다 7개월이나 빠르게 치러진 대통령 선거였다. 문재인에게는 박근혜 정부 때 임명된 언론사 사장들이 눈엣가시였을 것이다. MBC 사장을 바꾸려면 일단 방송문화진흥회 이사진을 바꿔야 했는데, 박근혜 정부 때 임명된 구 여권 추천 이사가 6명이고, 신 여권 추천 이사가 3명인 상황이었다. 이 때 문재인을 도와 MBC 사장을 바꾸도록 한 것은 역시 언론노조였다. 이들은 구 여권 추천 이사가 1명 사퇴할 때마다 신 여권 추천 이사로 교체될 수 있다는 점을 노렸다. 2017년 9월 8일 구 여권 추천 이사였던 유의선이 사퇴했다. 이유는 명확하지 않지만 여러 방향에서 압박이 있었던 것으로 전해졌다. 유의선의 사퇴로 이제 구 여권 이사는 6명에서 5명으로, 신 여권 이사는 3명에서 4명이 됐다.

김원배 이사가 다니던
교회 앞에서 집회하는
언론노조 사진

　9월 17일에는 언론노조가 특정 이사를 압박하는 모습을 너무나 명확하게 드러냈다. 언론노조원들은 구 여권 추천 이사였던 김원배가 다니는 교회를 찾아갔다. 신성한 주일 예배를 위해 일요일 아침 대전에 있는 중촌 감리교회로 갔던 김원배는 충격을 받았다. 김원배는 교회 장로이기도 했는데, 언론노조원들은 현수막까지 펼쳐놓으며 이사직 사퇴를 요구했다. 박영태 목사는 이 같은 시위는 신성한 교회에 대한 도전이라며 문제 제기도 했다. 결국 김원배 이사는 한 달을 버티다가 계속되는 압박에 견디지 못하고 10월 18일 이사직을 내려놓았다. 이로 인해 구 여권 이사는 5명에서 4명이 되고, 신 여권 이사는 4명에서 5명이 됐다. 드디어 신 여권 이사가 과반수를 확보한 것이다.
　신 여권 이사가 많아지자 곧바로 MBC 사장 교체에 착수했다. 결국 11월 3일 박근혜 대통령 때 임명됐던 김장겸 사장은 해임됐고, 12월 7일 언론노조 부위원장 출신인 최승호가 사장에 임명됐다.
　마치 짜기라도 한 것처럼 KBS도 같은 방식으로 사장이 교체됐다.

5. 대한민국 언론의 현황

KBS 이사는 구 여권이 7명, 신 여권이 4명이었다. 언론노조는 김경민 한양대 교수와 강규형 명지대 교수를 타겟으로 삼았다. 이들은 한양대학교와 명지대학교에 가서 현수막을 펼쳐들고 KBS 이사직을 사퇴할 것을 요구했다. 결국 2017년 10월 11일 김경민 이사가 먼저 사퇴했다. 김경민 교수는 언론노조가 대학 캠퍼스에까지 와서 사퇴 요구를 한 것은 부당하고 상식을 넘는 침해 행위라며 고통을 호소했다. 이로 인해 구 여권이 7명에서 6명으로, 신 여권이 4명에서 5명이 됐다. 이제 한명만 더 사퇴하면 신 여권이 과반수가 되는 상황이었다. 하지만 강규형 이사는 언론노조의 압박에도 끝까지 버텼다.

그러자 문재인 정부는 다른 방식으로 강규형 이사를 끌어내렸다. 이번엔 감사원이었다. 감사원은 2017년 11월 24일, 강규형 이사가 법인카드를 개인적으로 사용했다며 해임 요구서를 방송통신위원회에 보냈다. 감사원이 밝힌 강규형 이사의 법인카드 개인적 사용 혐의는 이렇다. 2년

김장겸 퇴진과 최승호 취임

강규형 KBS이사 사퇴를
압박하는 언론노조

여 동안 320만 원 가량을 개인 용도로 썼다는 것이었다. 지난 2년 동안 식비로 사용한 내역 중에 누구와 식사를 했는가를 명확하게 기억해내지 못한 점, 강규형 이사의 집에서 가까운 위치에 있는 식당에서 법인카드를 사용했다면 가족을 위해 썼을 가능성이 높다는 점을 주장했다. 결국 방송통신위원회는 2017년 12월 27일에 해임안을 의결했다. 강규형 이사가 해임되면서 구 여권은 6명에서 5명으로, 신 여권은 5명에서 6명이 됐다. 드디어 KBS이사도 신 여권이 과반수를 차지한 것이다.

KBS도 곧바로 사장 교체에 착수해 2018년 1월 22일 박근혜 대통령 때 임명됐던 고대영 사장을 해임시키고, 2월 26일 양승동을 신임 사장으로 임명했다. 양승동은 언론노조의 전신인 '사원행동' 대표와 PD협회장을 했던 인물이다.

결국 이렇게 대한민국에서 가장 큰 규모의 언론사인 KBS와 MBC는 문재인 정부에 우호적인 좌파 성향 사장들을 임명할 수 있게 됐고, 이를 주도한 세력은 언론노조였다. 언론노조와 문재인 정부가 힘을 합쳐

5. 대한민국 언론의 현황

고대영 퇴진과 양승동 취임

KBS와 MBC 사장을 임명한 만큼 이 두 방송사의 보도 방향은 안 봐도 뻔한 상황이다. KBS와 MBC는 보도만 하는 방송사가 아니기 때문에 드라마와 예능에서 어떠한 정치적 코드를 드러낼지 역시 명확한 상태라고 보면 된다.

5-10.
더불어민주당 '방송장악 문건'

2017년 8월 25일, 여당이 된 더불어민주당은 세종시 조치원읍에 있는 홍익대학교 국제연수원에서 국회의원 워크숍을 열었다. 이 곳에서 민주당 수석전문위원실에서 작성한 내부 문건 하나가 배포됐다. 제목은 바로 '공영방송 정상화를 위한 로드맵'이었다. 공영방송이라는 것은 바로 KBS와 MBC를 뜻한다. 다름 아닌 방송장악 문건이었던 것이다. 구체적인 실행방안 내용은 다음과 같다.

> 첫째, 방송사 구성원과 시민단체, 학계를 중심으로 사장 퇴진 운동을 전개한다. 촛불집회 개최도 논의해야 한다.
> 둘째, 방송통신위원회의 관리감독 권한을 활용해 사장의 경영 비리 등 불법적인 행위실태를 엄중히 조사해야 한다.
> 셋째, 야당 측 (구 여권) 이사들에 대한 검증을 통해 개인비리 등을 부각시켜 이사직에서 퇴출시켜야 한다.

5. 대한민국 언론의 현황

더불어민주당 워크숍 사진

더불어민주당은 이 문건이 유출되면서 논란이 커지자 실무자의 아이디어 차원이었을 뿐이라고 변명했다. 하지만 놀랍게도 이 로드맵대로 모든 일이 차곡차곡 진행됐다. 너무나 신기할 정도로 언론노조의 사장 퇴진 운동이 있었고, 야당 측 이사 즉, 구 여권 이사들이 퇴출됐다. 그리고 자연스럽게 사장이 교체됐다.

5-11.
MBC에서 드러난 사찰과 탄압

2018년 5월 18일, MBC는 최대현 아나운서와 권지호 기자를 해고했다. 이유는 이들이 블랙리스트를 작성했기 때문이라고 했다. MBC 감사국은 최대현과 권지호가 김장겸 사장 등 경영진의 지시를 받고 블랙리스트를 작성했다는 시나리오를 갖고 이들을 처벌하길 원했을 것이다. 하지만 최대현과 권지호가 회사 경영진의 지시를 받고 블랙리스트를 작성했

최대현 아나운서

다는 증거는 어디에도 없다. 다시 한 번 말하지만 박근혜 대통령 때 임명된 김장겸 사장조차도 MBC의 권력자는 아니었다. MBC의 권력자는 어느 때나 언론노조였다. 과거에도, 지금도 권력은 언제나 언론노조가 갖고 있다. 최대현과 권지호는 회사 경영진에게 아첨하는 언론노조 소속 기회주의자들을 좋은 위치에 배치하는 광경에 분노를 느꼈다고 한다. 그래서 이들의 실체를 기록해서 전달하고자 자발적으로 '블랙리스트'를 작성했던 것으로 알고 있다. 경영진이 지시한 게 아니라 위선자들을 가려내기 위해 작성한 과거 행적 기록이었다.

    만약 블랙리스트 작성 자체가 잘못이라고 한다면, 정말로 의문이 드는 부분이 있다. 2016년 12월 14일 언론노조는 '언론 부역자 명단'을 발표했다. 이것이야말로 블랙리스트 아닌가? 언론노조는 2016년 12월 14일, 이명박, 박근혜 정부에 부역했다는 사람들 10명의 명단을 발표한데 이어, 2017년 4월에는 2차로 50명, 2017년 6월에는 3차로 41명의 명단을 더 발표했다. 모두 101명에 달한다. KBS와 MBC에서 물러나야할 사

언론부역자 명단
발표하는 언론노조

박영춘 감사

람들의 명단이었다. 부역자는 상당히 무서운 표현이다. 과거 6·25 한국 전쟁 때 공산당원들은 마을주민들을 세워놓고 대한민국이나 미국에 동조한 사람들을 색출해 부역자 혹은 반동분자라고 말하며 총도 아닌 죽창으로 찔러 처형했다. 언론노조는 이렇게 끔찍한 표현을 같은 회사 동료들에 사용했다. 21세기인 현재 대한민국을 1950년대에서나 있을 법한 매카시즘이 휩쓸고 있다. 문재인 대통령 역시 '적폐청산'이라는 용어를 써가면서 '블랙리스트' 보복행위를 자행하고 있다.

MBC 감사국은 어떠한 방법을 동원해서 최대현과 권지호의 소위 블랙리스트 문건을 찾았다고 주장하는가? 감사국은 최대현과 권지호에게 인트라넷 이메일 내역을 제시했다. 너무나 놀랍고 무서운 일이다. 최대현과 권지호는 이메일 열람 동의를 한 일이 없었다. 감사국은 무단으로 직원의 이메일을 사찰한 것이다. 박영춘 감사는 2018년 3월 22일 방송문화진흥회 회의에 출석해 무려 40여명의 직원 이메일을 열어본 사실을 털어놨다고 한다. 무려 40여명을 말이다. 털어놓은 게 40여명이면 그 수는 더욱 늘어날 수도 있다고 본다. 직원 이메일 사찰 사건은 검찰에 고발된 상

배현진과 김세의의
피해자 증언 발표

태다. 자유한국당 역시 같은 사안으로 검찰에 고발을 했다. 문제는 대한민국 검찰의 의지다. 과연 문재인 정부에서 검찰이 MBC를 제대로 수사할지 앞으로 지켜봐야할 대목이다.

나를 포함해 7년간 MBC의 프라임타임 메인뉴스인 뉴스데스크를 진행했던 배현진 앵커 등 6명은 조명기구 창고로 쓰이는 곳에서 몇 개월을 지내야 했다. 최승호 사장의 편협하고 옹졸한 괴롭힘이었다. 나에 대해서는 언론노조에 대항하는 MBC노조를 설립한 게 불만이었을 것이고, MBC의 간판인 배현진 앵커에 대해서는 언론노조를 탈퇴했었다는 사실이 불만이었을 것이다. 이렇게 조명기구 창고에 있던 6명 이외에도 보도국 직원 80여 명이 마이크를 빼앗겼다. 공교롭게도 이들은 언론노조 소속이 아니다. 이것은 언론노조 소속이 아닌 기자들에 대한 언론노조 출신 최승호 사장의 괴롭힘이다.

괴롭힘은 여기에서 끝나지 않는다. 과거 김장겸 사장 때 해외특파원으로 발령된 사람들을 모두 소환했다. 미국 워싱턴DC, 미국 뉴욕, 미국 LA, 프랑스 파리, 태국 방콕, 중국 베이징, 일본 도쿄 등에 있던 특파원들은 갑작스럽게 한국으로 돌아와야 했다. 이는 사실 인권탄압에 가깝다. 특파원은 원래 선발 당시에 2년을 보장하고 1년은 연장되는 방식이다. 2년은 무조건 보장돼야만 한다. 무엇보다도 자녀들의 학교 문제가 있기 때문이다. MBC 도쿄특파원인 강명일은 도쿄 발령 4개월 만에 소환통보를 받았다. 말 그대로 청천벽력이다. 외국에서 2년 이상 살 계획으로 부동산 계약을 했던 배우자는 물론이고, 외국의 학교로 전학을 한지 얼마 안 된 자녀들은 당혹스러울 수밖에 없다.

2018년 6월 26일에는 MBC 박상후 국장이 해고됐다. 박상후 국장 역시 언론노조원이 아니다. 해고 사유에는 세월호 사고 보도에서 유가족을 비판한 보도와 박원순 서울시장을 비판하는 보도가 잘못됐다는 내용이 포함됐다고 한다. 참으로 한심하고 황당한 조치이다. 언론의 본질이 '성역 없는 비판'과 '권력에 대한 견제' 아닌가? 세월호 유가족과 박원순 서울시장은 대한민국 언론의 성역이란 말인가? 언론노조의 기준으로 '정의로움'을 정해서 다른 언론인을 평가하고 해고하는 모습이 참으로 황당하다.

최승호 사장

이런 가운데 2018년 7월 4일 서울서부지방검찰청이 의미 있는 결정을 내렸다. 서울서부지방검찰청은 민주노총 산하 언론노조 MBC본부 소속인 권혁용이 권지호 기자를 '노동관계조정법 위반' 등으로 고발한 사건에 대해 '무혐의' 처분을 내렸다. 검찰은 "평기자 신분이었던 권지호 기자가 작성한 문건으로 카메라 기자 인사이동이 이뤄졌다고 보기 어렵다"고 밝혔다. 문재인 정부의 검찰에서 이 같은 올바른 결정을 내려준데 대해 놀랍고 감사한 마음이다. 그래도 검찰이 권력의 편에만 서있지 않다는 것을 보여준 결정으로 판단된다. 이제 시작일 뿐이다. 권지호 기자를 비롯해 수많은 기자들이 부당징계 청구소송을 진행 중이다. 최승호 사장의 부당한 해고에 맞서는 소송은 이제 한걸음 더 나아갔다. 특히 서울서부지방검찰청의 '무혐의 처분 불기소 이유 통지서'를 보면 "MBC 감사국에서 피의자들의 이메일을 확인하였으나… (중략)… 사용자 측의 지시를 받고 이 사건 문건들을 작성하였다는 자료가 발견되지 않은 사실이 인정된다"라고 나온다. MBC 감사국이 권지호 기자 등의 직원 이메일을 들여다본 사실을 인정한 것이다. 검찰은 조속히 MBC 감사국의 직원 이메일 불법 사찰 범죄에 대해 수사를 진행해야만 한다. 아울러 MBC 감사국 뿐만 아니라 최승호 사장에 대한 강력한 처벌이 요구된다.

6.
민주노총에 장악된 대한민국 언론 사례 모음

6-1.
촛불집회는 확대, 태극기집회는 축소 보도

2016년 10월 24일 JTBC는 '최순실 태블릿 PC' 관련 보도를 내보냈다. 그리고 2017년 3월 10일 박근혜 대통령은 헌법재판소에서 탄핵돼 물러났다. 박근혜 대통령의 탄핵에는 촛불집회가 결정적인 역할을 했다. 촛불집회는 '박근혜 정권 퇴진 비상국민행동'이 주최자 역할을 했다. '박근혜 정권 퇴진 비상국민행동'은 2300여개 단체가 연대해 구성된 조직인데 민주노총과 참여연대, 민중총궐기본부, 백남기투쟁본부 등 좌파성향 시민단체가 주축이었다. 특히 '박근혜 정권 퇴진 비상국민행동' 공동대표를 박석운이 맡았는데, 박석운은 민주언론시민연합과 한국진보연대에서도 공동대표를 맡고 있다. 박석운은 지난 2008년에 있었던 미국산 소고기 수입 반대 대규모 촛불시위에도 등장했던 인물이다. 미국산 소고기에 대한 '광우병 공포'로 이명박 정부를 초반에서부터 발목을 잡은 촛불집회를 주도했던 박석운이 결국은 박근혜 정부에서도 촛불집회를 통해 큰 성과를 이뤘다.

KBS와 MBC를 비롯해 종합편성채널 등 여러 방송사들이 촛불집회를 크게 보도했는데, SBS 역시 촛불정국에서 마치 JTBC와 경쟁이라도 하듯 열심히 나서서 촛불집회 보도에 열중하는 모습을 보였다.

　SBS는 건설 사업을 주로 하는 태영그룹 윤세영 회장이 세운 방송사이다. SBS는 공영방송사인 KBS, MBC와 달리 민영방송사인데, 눈에 띄는 부분은 바로 사원 구성에 있다. KBS에는 언론노조 KBS본부와 KBS노조가 있고, MBC에는 언론노조 MBC본부와 MBC노조가 있는 반면, SBS에는 언론노조 SBS본부만 있는 상황이다. 한마디로 SBS는 견제세력이 없는 언론노조에 장악된 상황에 놓여져 있다고 볼 수 있다.

　촛불집회는 2016년 10월 29일 1차 집회를 시작으로 박근혜 대통령이 탄핵 된 다음날인 2017년 3월 11일까지 총 20차례 진행됐다. SBS는 2차 집회가 열렸던 2016년 11월 5일을 시작으로 매주 광화문 광장에서 라이브 생중계를 하면서 촛불집회 진행 상황을 알렸다. 2017년 2월 4일 SBS 프라임타임 메인뉴스인 8시 뉴스에서는 광화문 광장에서 라이브 생중계를 하면서 기자가 촛불집회 상황을 시청자들에게 전했다. 화면에서 보이는 집회 참여자들의 수는 너무나 적었다. 그런데 적은 인원의 촛불집회 참여자 모습과는 너무나 대조적으로 화면 아래 자막은 다음과 같았다. '한 주 건너뛴 촛불 집회, 많은 시민 광장에 모여'였다. 무리한 생중계 진행으로 벌어진 방송 사고라고 볼 수 있다. 화면과 자막이 너무나 맞지 않았다. 만약 집회 참여자들이 청와대 방향으로 행진을 하면서 이미 광화문 광장을 떠난 상황이었다고 한다면 이 같은 자막은 절대로 넣어서는 안됐다. SBS를 포함한 수많은 언론사들이 촛불집회 소식을 전하는 데만 너무나 열중하지 않았는가에 대해 이제는 반성해야 할 때가 아닌가 생각된다.

　2016년 11월 19일부터는 촛불집회에 대항하는 태극기집회가 열리기

2017년 2월 4일
SBS 뉴스 화면.
많은 사람들이 모였다고
보도했지만, 사진에서
볼 수 있듯, 많은 사람들이
모이지 않았다.

시작했다. 촛불집회가 열린 광화문 광장에서 4km 가량 떨어진 서울역 광장에서 열린 시위인데, '박근혜를 사랑하는 모임' 등 80여개 우파단체 회원들이 주축이었다. 주최 측 주장 6만 7천명, 경찰 추산 1만 1천명이 참여한 시위였다. 이날의 KBS와 MBC, 그리고 SBS 메인뉴스 아이템 개수를 비교해보자. KBS는 촛불집회 보도 11개, 태극기집회 보도 1개였고, MBC는 촛불집회 보도 9개, 태극기집회 보도 1개였다. 문제는 SBS였다. 이날 SBS의 보도는 정말 악의적이라고 밖에 생각하지 않을 수 없다. SBS는 촛불집회 보도를 25개 넘게 했고, 태극기집회 보도는 1개도 아닌 0.5개를 했다고 할 수 있다. 왜냐하면 태극기집회 보도와 촛불집회 보도를 섞어서 했기 때문이다. 심각한 부분은 해당 보도의 내용이었다. 뒷부분에서 자세하게 설명하겠지만, 일단 SBS는 집회참여 인원을 보도하면서 기본적인 원칙을 지키지 않았다. KBS와 MBC는 집회 참여 인원을 보도하면서 집회 주최 측 주장과 경찰 추산 참여인원을 구분해서 설명했는데, SBS는 좀 달랐다. SBS는 촛불집회 참여 인원에 대해 경찰 측 추산 인원인 18만 명은 소개하지 않으면서 주최 측 주장에 따라 75만 명이 모였다고 보도하고, 태극기 집회 참여인원에 대해서는 주최 측이 주장한 6만 7천 명은 소개하지 않고, 경찰 추산 인원인 1만 1천 명을 보도했다. 촛불집회 참여인원은 부풀리고, 태극기집회 참여인원은 축소하는 만행을 저지른 것이다.

이것이 끝이 아니다. SBS는 광화문 광장에서의 촛불집회 진행 상황을 라이브 생중계로 정혜경 기자가 리포트를 했는데, 여기서 정혜경 기자는 태극기집회 참여인원에 대해 폄하하는 발언까지 했다. 리포트 내용은 다음과 같다.

"친박 회원 1만 1천여 명은 오늘 낮 두시부터 서울역 광장에서 대통령 하야에 반대하는 이른바 맞불 집회를 열었습니다. 이들은 보수 단체라고 부르기 어려운 70여 개의 친박 단체 소속 회원들이었는데, 대통령 퇴진 반대, 하야 반대, 헌법 수호를 외쳤습니다."

태극기집회 참여인원을 '박근혜 대통령 팬클럽'을 뜻하는 '친박 회원'이라고 했다. 특히 '보수 단체라고 부르기 어려운 친박 단체 소속 회원'이라며 태극기집회 참여인원에 대해 함부로 평가하는 모습까지 보여줬다. 이 같은 SBS의 보도 행태는 '악의적'이라고 평가할 수밖에 없다.

11월 19일 이후부터 태극기집회도 촛불집회와 마찬가지로 매주 토요일마다 집회를 이어갔다. 하지만 모든 언론사들은 촛불집회와 태극기집회 보도에 있어서 균형적인 태도를 보이지 않았다. 11월 26일 KBS는 촛불집회 15개, 태극기집회 1개, MBC는 촛불집회 14개, 태극기집회 1개, SBS는 촛불집회 37개, 태극기집회 0개를 보도했다. 12월 3일 KBS는 촛불집회 9개, 태극기집회 1개, MBC는 12개, 태극기집회 1개, SBS는 촛불집회 23개, 태극기집회 1개를 보도했다. KBS와 MBC의 불균형 보도도 문제지만, SBS는 특히 더 심각했음을 알 수 있다.

그런데 2017년 1월 7일에 많은 이들을 놀라게 한 일이 있었다. 태극기집회 참여 인원이 촛불집회 참여인원보다 더 많았던 것이다. 이날 태극기집회는 주최 측 주장 102만 명, 경찰 추산 3만 7천 명이 참여했다고 발표됐다. 반면 촛불집회는 주최 측 주장 60만 명, 경찰 추산 2만 4천 명이 참여한 것으로 발표됐다. 그러자 박근혜 대통령 퇴진을 주장하는 사람들이 나서서 경찰을 비난하기 시작했다. 경찰이 촛불집회 참가인원은 의도적으로 줄이고, 태극기집회 참가 인원은 '뻥튀기'했다는 것이다. 결국 경찰은 논란이 커지자 곧바로 1월 14일 집회부터 경찰 추산 인원 발표를 하지 않기로 했다. 경찰의 이 같은 조치로 촛불집회든 태극기집회든 집회 주최 측의 추산 인원이 아닌 보다 객관적인 경찰의 추산 인원 자료를 접할 기회를 대한민국 국민들은 잃어버리게 됐다.

헌법재판소의 박근혜 대통령 탄핵심판을 앞두고 3·1절에는 태극기집회에 어마어마한 사람들이 몰렸다. 이미 1월 14일부터 경찰이 추산 인원을 발표하지 않기로 하면서 객관적인 인원수를 파악하기 어렵게 됐지만, 촛불집회 참여인원보다 훨씬 더 많은 사람이 모였던 것은 분명해보였다. 태극기집회 주최 측은 5백만 명이 모였다고 발표했고, 촛불집회 주최 측은 30만 명이 모였다고 발표했다.

태극기집회 참여 인원 수가 압도적으로 많은 모습이 보인 날, SBS 8시 뉴스 앵커인 김성준은 김종원 기자와의 대담에서 이 같은 발언을 했다.

"탄핵 찬성 쪽은 다 우산을 들고 가족끼리 온 모습이 많이 보였고, 탄핵 반대쪽은 일제히 나눠준 것 같은 우비를 입고 나왔더라고요."

이 발언 역시 '악의적'이라고 볼 수 있다. 탄핵 찬성 쪽 즉 촛불집회 참여자는 가족끼리 온 자발적인 집회 참여자로 판단하고, 탄핵 반대 쪽 즉 태극기집회 참여자는 누군가가 나눠준 우비를 입었다고 말하면서 조직적으로 동원된 집회 참여자로 매도해버렸다.

6-2.
주최 측과 경찰 추산 인원 원칙 무너져

주최 측, 경찰 측 추산 인원 원칙이 처참하게 무너졌다. 집회 참여 인원과 관련해 대한민국 언론은 객관성을 잃어버렸다. 집회 참여인원은 당연히 주최 측이 주장하는 인원과 함께 경찰이 추산하는 인원을 함께 보도해야 한다. 이는 집회 보도를 하는 사회부 기자의 너무나 당연한 원칙이다. 몇 가지 사례를 짚어보도록 하겠다.

2016년 11월 19일 광화문 광장에서 박근혜 대통령 퇴진을 주장하는 촛불집회가 열렸다. 주최 측은 60만 명을 주장했고, 경찰은 18만 명으로 추산했다. 무려 3배가 넘게 차이나는 숫자이다. KBS와 MBC에서는 원칙대로 주최 측 주장과 경찰 추산을 모두 함께 보도했다. 하지만 SBS는 경찰 추산은 밝히지 않고, 주최 측 주장만 그대로 보도했다. 오히려 지방에서도 모였다는 주최 측의 또 다른 주장까지 더해 전국적으로 모두 75만 명이 모였다고 보도하기까지 했다.

주최 측의 주장을 과연 얼마나 믿어야 하는지에 대한 의문이 꾸준히 제기됐다. 하지만 대한민국 언론사들 특히 SBS는 이에 대해 의문을 갖지

6. 민주노총에 장악된 대한민국 언론 사례 모음

않는 것처럼 보였다. 다른 날들도 어떠했는지 살펴보자.

2016년 11월 12일에는 주최 측 주장 100만 명, 경찰 추산 26만 명으로 4배 가량 차이를 보였다. 11월 26일에는 주최 측 주장 130만 명, 경찰 추산 26만 명으로 무려 5배나 차이를 보였다. 주최 측의 주장은 갈수록 대담해지는 것 같았다. 12월 3일에는 주최 측 주장 160만 명, 경찰 추산 25만 명으로 6.4배, 12월 10일에는 주최 측 주장 60만 명, 경찰 추산 10만 2천명으로 5.9배, 12월 17일에는 주최 측 주장 60만 명, 경찰 추산 6만 명으로 10배까지 차이가 났다.

여기서 끝이 아니다. 12월 24일에는 주최 측 주장 60만 명, 경찰 추산 3만 6천 명으로 16.7배라는 엄청난 차이를 보였다. 12월 31일에는 주최 측 주장 100만 명, 경찰 추산 6만 5천 명으로 15배가 넘는 차이를 나타냈다.

이쯤 되면 당연히 주최 측의 주장에 의문을 제기하는 것이 언론의 올바른 모습일 것이다. 하지만 언론은 촛불집회 주최 측의 주장을 그대로 옮

주최 측 주장과 경찰 추산은 무려 16.7배 차이가 났다.

기는 데에만 열중했다. 결국 2017년 1월 1일이 되는 날, 각 언론사들은 촛불집회 참여인원이 1천만 명을 돌파했다며 박근혜 대통령 탄핵은 전국민적인 뜻인 것처럼 보도했다. 2017년 1월 1일 뉴시스는 '박근혜 퇴진 주말 촛불집회 1000만 돌파… 집회 새 역사 쓰다'라고 제목을 뽑아 보도했다. 촛불집회 주최 측의 주장일 뿐인데, 역사적인 사건인 것처럼 감성적인 보도를 한 것이다. 뉴시스 뿐만 아니라 수많은 언론사들이 이 같은 모습을 보였다.

　대한민국 인구는 2018년 5월 행정자치부 기준으로 5천 179만 명이다. 촛불집회 주최 측은 2016년 10월 29일 처음으로 촛불집회를 시작한 이후 12월 31일까지 단 10번의 집회 만에 1천만 명이 촛불을 들었다고 밝혔다. 과연 대한민국 국민의 5분의 1이 그렇게 짧은 시간 안에 집회에 참여했을까? 서울시 종로구 광화문 광장의 면적은 1만 8,840m^2이다. 물론 광화문 광장 주변의 청계 광장과 서울시청 광장까지 포함한다면 면적은 더 늘어난다. 하지만 아무리 최대한 넓게 잡아도 20만m^2 수준의 면적에 그렇게 많은 사람이 모였다면 충분히 사고가 났을 것이라는 의문이 제기될 수 있다. 하지만 대한민국 언론사들은 의문을 제기하기는커녕, 촛불집회 주최 측의 주장을 그대로 받아 적기 바빴다.

　사실상 대통령으로서의 권력을 상실한 것이나 마찬가지였던 박근혜 정부는 대한민국 언론과 촛불집회 주최세력, 그리고 더불어민주당 등에 의해 끌려 다녔다. 특히 경찰은 2017년 1월 14일부터는 아예 경찰 추산 촛불집회 참여 인원 숫자를 발표하지 않기로 했다. 경찰로서의 기능 자체가 상실되는 순간이었다. 앞서 밝힌 것처럼 2016년 12월 24일에는 촛불집회 참여인원이 주최 측 주장은 60만 명, 경찰 추산은 3만 6천명으로

16.7배라는 엄청난 차이를 보였다. 그런데 이 같은 차이가 있다는 점을 명확히 제시해야만 하는 경찰 역시 촛불 여론에 밀려 스스로의 임무를 저버리는 행위를 저지른 것이다.

6-3.
주한미대사관도 촛불집회에 끌어들이려는 언론 행태

2016년 12월 3일 촛불집회에서는 '1분 소등' 퍼포먼스가 있었다. 그런데 다음날부터 연합뉴스를 비롯한 각종 언론들이 말도 안 되는 기사들을 쏟아냈다. 주한미국 대사관이 '1분 소등'에 동참한 것으로 목격됐다는 내용이었다. 인터넷에서 네티즌들이 서로 주고받을 수준의 내용이었는데

국민일보 기사 캡쳐

1분 소등 주장하는
이용주 의원

   이를 언론사들은 무책임하게, 사실 확인도 하기 전에 기사부터 내보낸 것이다.
   심지어 국민일보는 2016년 12월 4일 '미국 대사관도 1분 소등 동참'이라는 단정적인 제목의 기사까지 내보냈다.
   얼마나 대한민국 언론이 무책임한가. 이것도 모자라 당시 국민의 당 의원이었던 이용주는 12월 5일 국회에서 열린 최순실 국정농단 의혹 사건 국정조사 전체회의에서 주한미국대사관에 불이 꺼진 듯한 사진 판넬을 들어 보이며 주한미국대사관이 촛불집회 1분 소등에 참여한 것 아니냐고 말하기도 했다. 대한민국 언론에 이어 대한민국 국회의 수준까지 볼 수 있는 사건이었다. 주한 미국 대사관 관계자는 5일 "대사관 불을 끄지 않았다"며 "1분 소등 퍼포먼스에 동참하지 않았다는 것이 공식 입장"이라고 밝혔다. 마크 리퍼트 주한 미국 대사도 9일 기자들과 만난 자리에서 "주한 미국 대사관은 대한민국 국내 정치에 관여하지 않는다는 입장"이라고 밝혔다.

6-4.
북한 인권 외면하는 대한민국 언론

2018년 6월 8일 한국일보에는 너무나도 뻔뻔한 기사가 올라왔다. 제목이 다음과 같다. '한반도 평화가 북한인권보다 우선이다' 내 눈을 의심하지 않을 수 없었다. 혹시 개인 블로그에서 쓴 글인가 했다. 아니었다. 한국일보 기사였다. 단순히 인터넷 판에만 노출된 수준의 기사가 아니었고,

2018년 6월 9일 한국일보에 실렸던 충격적 기사 내용

한국일보 2018년 6월 9일자 지면의 26면 가장 높은 위치에 배치된 지면 탑 기사였다. 이 기사를 쓴 인물은 고재학으로 한국일보 논설위원이다. 주니어 기자도 아니었고, 시니어 중의 시니어 기자였다. 한국일보 편집국장은 도대체 무슨 생각으로 이런 황당한 기사를 지면으로까지 내보냈는지 정말 의문이다. 기사 내용을 보면 더욱 놀랍다.

"북한 인권은 대한민국 국민을 '남남'으로 갈라놓는 갈등 이슈다. 보수단체들은 문재인 정부와 트럼프 대통령을 향해 '북한인권 문제의 의제화'를 집요하게 요구하고 있다."

"인권이라는 가치가 보편성을 띤다지만 역사, 문화, 종교 등 각국의 지역적 특성을 완전히 무시할 수는 없다."

"북한 인권은 북한 주민만의 문제가 아니다. 한반도 분단체제의 극복과 연관돼 설명되지 않으면 보편성과 특수성 논쟁으로 흐르기 십상이다."

글을 참으로 어렵게 써서 이해하는데 한참의 시간이 필요했다. 기자의 기본은 기사를 읽는 사람이 편하게 이해할 수 있도록 기사를 쓰는 것이다. 고재학의 주장은 한 마디로 이렇게 보면 될 것이다. '북한 인권문제를 제기하면 한반도 긴장이 커질 수 있으니, 한반도 평화를 위해 북한 주민들의 고통 따위는 잠시 잊어줘야 한다'가 아닐까 생각된다. 고재학이 좌파인지 아닌지는 모르겠지만, 잠시 좌파의 특징을 말하자면 좌파는 쉬운 말을 복잡하게 말하는 것을 좋아한다. 정확한 이유는 모르겠지만, 자신의 논리가 얼마나 허술한가 나타나는 점을 우려하기 때문이 아닐까 생각된다. 대한민국에는 이와 같은 오래된 말이 있다. '말 많으면 공산당이다.' 6·25 전쟁으로 공산당에게 직접 피해를 당해본 세대들이 하던 말이다. 공산당은 단순 명료한 설명보다는 복잡한 설명으로 사람들을 현혹하는 것을 즐긴다는 의미이다.

다시 고재학의 기사로 돌아와 보자. "북한 인권은 대한민국 국민을 '남남'으로 갈라놓는 갈등 이슈다." 여기서 고재학이 표현한 '남남' 갈등은 바로 대한민국 내부의 좌파와 우파 갈등을 말하는 것으로 보인다. 고재학이 말한 것처럼 대한민국 좌파들은 북한 인권에 대해 문제 제기하는 것을 매우 불편하게 여기고 있다. 한반도 평화의 걸림돌이 된다고 판단하기 때문이다. 오로지 자신들의 정치적 목적과 안전만을 생각하는 비겁한 자들이다. 비겁할 뿐만 아니라 나쁜 인간들이라고 생각한다.

과연 고재학의 기사는 그냥 나왔을까? 좌파 진영에서는 꾸준히 이 같은 주장이 나왔다. 이름도 문재인과 비슷한 문재인 대통령의 최측근 문정인의 발언을 한번 살펴보자. 문정인은 문재인 대통령의 통일외교안보 특보이다. 문정인은 2018년 6월 14일 이화여대에서 열린 시사토론회에서 "지금 무엇보다 중요한 것은 비핵화"라며 "절대로 인권문제를 대북협상의 전제조건으로 걸어서는 안 된다"고 말했다. 이어 "문재인 대통령은 북한에 인권문제를 제기하기는 했지만, 이를 우선순위로 놓지는 않았다. 남북 간 신뢰를 구축하는 것이 인권문제보다 먼저다"라고 말했다. 문재인의 최측근 문정인의 발언과 대한민국 언론이 보조를 맞추는 듯한 모습이다.

여기서 잠시 문정인에 대해 이야기해보겠다. 문정인은 여러 차례 주한미군 철수를 주장했고, 한미동맹에 대해 부정적인 입장을 밝혀왔던 반미 성향 인사이다. 미국 메릴랜드 대학교에서 정치학 석사와 박사 학위를 취득했고, 켄터키 대학교에서 정치학과 부교수를 했으며, 듀크 대학교에서 아시아태평양연구소 겸임교수를 지냈다. 미국에서 오랫동안 활동했던 문정인이 왜 그토록 미국에 대해 반감을 가지고 있는지는 의문이다. 문정인은 2018년 5월 17일 미국의 시사지 '애틀랜틱'과의 인터뷰에서 "한미동맹은 일반적으로 국제관계에서 매우 부자연스러운 상태(very unnatural state)"라며 "최선의 것은 실제로 한미동맹을 없애는 것(get rid of)"이라고 주장했다. 문정인은 2018년 4월 30일 미국 외교전문지 '포린 어페어스'에 기고한 글에서 "남북 평화협정이 체결되면 주한미군 주둔을 정당화하기 어려울 것"이라고 주장했다. 문정인의 이 같은 주장을 어느 한 개인의 과격한 주장으로 치부할 수 없다. 왜냐하면 문정인 대통령 통일외교안보 특보의 주장은 문재인 대통령의 대통령선거 후보 시절 한반도 구상과 상당 부분 방향성을 함께 한다. 2017년 6월 15일 미국 워싱턴DC의 우드로 윌슨 센터와 한국 동아시아재단이 공동 개최한 행사에 참석한 문정인은 "북한이 핵·미사일 도발을 중단하면 한미 연합훈련을 축소할 수 있다"고 주장했다. 당시에 논란이 커지자 문정인은 교수로서 한 개인적인 발언이라고 해명했지만, 결국 그의 발언은 1년 뒤 현실화됐다. 2018년 6월 19일 한미 군 당국은 당초 8월로 예정됐던 을지프리덤가디언(UFG) 연습을 일시 중단하기로 했다. 문재인 대통령의 속마음을 문정인 특보가 드러내주고 있는 것이라면, 현재 대한민국의 안전을 위해 열심히 봉사하고 있는 2만 8천명의 주한미군의 철수도 머지않은 미래에 현실화될 것으로 보인다.

다시 북한의 인권 문제로 돌아와 보자. 워낙 베일에 감춰진 북한이기 때문에 정확한 내용은 알 수 없지만, 북한에는 모두 6개의 정치범 수용소가 있고, 수감자는 15만 4천여 명에 이른다는 말도 있다. 이른바 '부역자' 그리고 '반동분자'들이 수용될 뿐만 아니라 이들의 가족들까지 함께 붙잡혀 있는 곳이라는데, 6살 어린이까지도 하루 10시간의 중노동을 시킨다는 증언까지 있다.

한반도의 평화를 위해 북한의 인권은 우선순위에서 밀린다고 당당히 말하는 사람들은 머지않아 인간으로서의 존엄성을 포기한 악마라는 비판에 직면할 것이다.

2018년 6월 30일 미국의 소리에 따르면 미국 하원 외교위원회 소속 크리스토퍼 스미스 공화당 의원은 "북한 인권 개선을 한반도 비핵화 전략에 포함시켜야한다"는 내용의 결의안을 발의했다. 스미스 의원은 결의안에서 "완전하고 검증 가능하며 되돌릴 수 없는 북한인권 개선이 미국의 한반도 비핵화와 자유롭고 개방적인 인도태평양 역내 전략의 일부가 돼야한다"고 촉구했다.

마이크 폼페이오 미국 국무장관은 2018년 6월 28일 '2018 연례 인신매매 실태 보고서'를 발표하며 북한을 최악의 인신매매 국가로 지목한 뒤 "비극적"이라고 말했다. 북한은 2003년 이후 16년째 '최악의 인신매매국'으로 지정됐다. 대한민국 문재인 정부의 우선순위는 왜 북한의 인권 문제가 아닌지 이해를 할 수가 없다. 북한을 같은 민족이라며 추켜세우고, 반미와 반일을 외쳤던 좌파 세력들은 왜 같은 민족인 북한 주민들의 고통을 외면하는가? 오히려 미국이 우리와 같은 민족인 북한 주민들을 걱정하는 모습이 부끄럽지 않나? 좌파의 위선적인 모습에 치가 떨릴 지경이다.

6-5.
도를 넘은 김정은 찬양

2018년 4월 27일 문재인 대한민국 대통령과 김정은 북한 국무위원장이 판문점에서 남북정상회담을 가졌다. 이후 대한민국 언론들은 경쟁적으로 문재인은 물론이고, 김정은까지 찬양하는 기사를 쏟아내기 시작했다.

2018년 4월 30일 MBC는 프라임타임 메인뉴스인 8시 뉴스에서 '대한민국 국민 10명 중 7명이 김정은을 신뢰한다'는 기사를 내보냈다. MBC가 여론조사 업체인 코리아리서치센터에 의뢰해 전국 만 19세 이상 남녀 1023명을 대상으로 이틀 간 전화로 조사한 결과였다. 60.5%가 김정은이 정상회담에서 보인 행동이나 발언에 '대체로 신뢰가 간다'고 답했고, 17.1%가 '매우 신뢰가 간다'고 답했다는 것이다. 결국 '매우'와 '대체로'를 합쳐 '신뢰가 간다'는 평가가 무려 77.5%에 이르는 것으로 나타났다.

같은 날 KBS 역시 프라임타임 메인뉴스인 9시 뉴스에서 '대한민국 국민 80%가 김정은 인식 긍정적 변화'라는 기사를 내보냈다. '12시간 생중계된 남북정상회담 이후 김정은에 대한 인식이 바뀌었는지'를 묻는 설문조사였다고 KBS는 보도했다. '매우 긍정적으로 바뀌었다'라는 응답이 22.3%였고, '다소 긍정적으로 바뀌었다'라는 응답이 57.7%였다. 결국 '긍정적으로 바뀌었다'라는 답변이 무려 80%에 이르는 것으로 나타났다. 이 조사는 KBS 방송문화연구소가 전국 만19세 이상 남녀 1077명을 대상으로 4월 30일 하루 동안 인터넷 설문조사로 진행한 결과였다.

KBS의 설문조사에서도 나타난 것처럼 대한민국 각 언론사를 통해 12시간 동안 생중계된 2018년 4월 27일 남북정상회담은 북한 독재자 김정은에 대한 대한민국 국민들의 인식을 완전히 바꿨다. 대한민국 방송사의 힘을 보여준 순간이었다.

4월 27일 각 방송사들의 보도 내용을 보면 김정은에 대한 대한민국 국민들의 호감이 높아질 수밖에 없었다. KBS는 신방실 기자의 리포트로 "파격·솔직·대담 '김정은 스타일'…일거수일투족 눈길"이라는 기사를 내보냈다. 김정은이 솔직하고 대담한 모습을 보였다는 내용이었다.

MBC는 2개의 리포트를 써가며 김정은에 대한 소개를 이어갔다. 이남호 기자의 리포트로 "김정은 스타일 '대담, 솔직, 예의, 긴장'", 임명찬 기자의 리포트로 "'인민복 정장' 선택한 김정은…옷차림에도 메시지?"라는 기사를 내보냈다. 해당 리포트를 소개하면서 박성호 앵커는 이같이 말했다. "김정은 위원장은 오늘 보니까 유머감각이 있었고요. 또 여유로웠으며, 솔직했습니다." 도대체 박성호 앵커가 무슨 기준으로 김정은이 솔직했다고 평가를 내려버리는지 의문이 든다.

SBS는 김수형 기자의 리포트로 "'긴장·여유·대담' 金, 파격의 연속…전 세계 데뷔 신고"라는 기사를 내보냈다. 결국 KBS와 MBC, SBS 모두 김정은에 우호적인 리포트를 경쟁적으로 내보내면서 김정은에 대한

호감도가 높아졌다는 분석이 나올 수밖에 없다.

　북한의 대남 선전매체인 '우리민족끼리'는 2018년 5월 8일 "남북정상회담 이후 대한민국에서 '김정은 열풍'이 불고 있다"고 보도했다. "자신감 있고 개방적이며 국제적 지도자로서의 세련된 모습을 보여줘 대한민국 사람들을 사로잡았다"는 내용도 있었다. 북한 매체조차도 대한민국에서 불고 있는 김정은 찬양 움직임을 보도하고 있다는 사실에 참으로 통탄함을 느끼게 된다.

6-6.
북한 찬양 기사는 평창올림픽부터 본격화

앞서 네이버 검색어 논란과 관련해 평창올림픽을 앞두고 문재인의 생일인 2018년 1월 24일에 '평화올림픽'과 '평양올림픽'이 네이버 검색어 순위 1위 경쟁을 벌인 일을 이야기한 바 있다.

평창동계올림픽을 유치하기 위해 강원도를 비롯해 수많은 대한민국의 기업들이 고생을 많이 했다. 2003년 7월에는 체코 프라하에서 열린 IOC총회에서 2010년 동계올림픽 유치 경쟁을 벌였지만, 캐나다 밴쿠버에 밀렸다.

나에게는 평창동계올림픽을 위한 두 번째 경쟁 현장을 직접 볼 수 있는 기회가 있었다. 2007년 7월 과테말라의 과테말라 시티에서 IOC총회가 열렸다. 평창은 2014년 동계올림픽 유치를 위해 치열한 경쟁을 펼쳤지만, 러시아 소치에게 밀려 눈물을 흘려야 했다.

이쯤 되면 포기해야 하는 것 아닌가하는 말도 나왔다. 하지만 평창은 포기하지 않았다. 2011년 7월 남아프리카공화국 더반에서 열린 IOC총회에서 독일의 뮌헨, 프랑스의 안시를 제치고 평창이 당당히 2018년 동계올림픽을 유치하게 됐다. 이명박 대통령을 비롯해 조양호 대한항공 회장, 박용성 두산 회장, 이건희 삼성 회장 등이 포기하지 않고 끝까지 노력한 결과였다.

　강원도 평창군민들은 올림픽의 흥행이 다른 지역에 비해 발전이 더딘 강원도에 긍정적인 영향을 미치길 기대했다. 하지만 문재인 대통령은 평창동계올림픽을 남북관계 개선을 위한 목적에 활용했다. 그 결과 강원도 평창은 관심에서 멀어졌다. 대한민국은 물론이고 전세계의 관심은 오로지 북한 김정은 독재정권에서 넘어온 사람들이었다. 1월 24일 네이버 검색어 논란에서 본 것처럼 문재인 지지자들의 마음속에는 이미 '평창올림픽'은 사라지고, '평화올림픽'만 남았다. 마찬가지로 문재인을 비판하는 사람들은 '평화올림픽' 주장에 대한 반발로 '평양올림픽'을 내세우게 됐다. 결국 문재인 정부와 문재인 지지자들이 내세운 '평화올림픽'으로 인해 '평창' 그 자체는 관심에서 멀어지게 됐다.

6-7.
눈꼴 사나운 김여정 추켜세우기

    2018년 2월 7일 북한은 평창 올림픽 고위급 대표단에 김정은의 여동생인 김여정을 보내겠다고 통보했다. 북한 독재자 김정은의 여동생 김여정은 미국 재무부가 2018년 1월 11일에 대북 제재 리스트에 올려놓은 인물이다. 하지만 대한민국의 언론사들은 김여정이 대한민국에 온다는 사실을 크게 환영이라도 하듯 다음과 같은 제목을 뽑으며 보도했다.

    KBS "북한, 김여정 파견 '깜짝 통보'…백두혈통 첫 서울 방문"(임종빈 기자)
    MBC "올림픽 개막식에 김여정 온다…'백두혈통' 첫 방문"(이용주 기자)
    SBS '김정은 여동생' 김여정, 평창 온다…백두혈통 첫 방남(김용태 기자)

    대한민국의 3대 지상파 방송사인 KBS, MBC, SBS는 모두 탑뉴스로 김여정의 방문을 보도했다. '백두혈통'이라는 역겨운 용어까지 사용했다. 대한민국 언론인으로서 치욕적인 날이었다. '백두혈통'은 북한을 세운 김일성을 비롯한 김씨일가가 백두산의 정기를 이어받았다는 뜻의 단어이다. 김일성의 피를 물려받은 김정일과 김정은, 김여정 등 김일성의 직계가족을 신격화하기 위해 김정은의 아버지 김정일이 만든 용어이다. 이 '백두혈통'에는 당연히 김정일의 첫째 아들인 김정남, 둘째 아들인 김정철도 포함돼있다. 하지만 그토록 고귀한 혈통인 김정남은 2017년 2월 13일 말레이시아 쿠알라룸푸르 국제공항에서 목숨을 잃었다. 인도네시아와 베트남에서 온 여성들에 의해 VX라는 신경작용제 독극물에 강제로 눈과 얼굴 등에 발라진 것이다.

미국 정부는 공식적인 입장을 내지는 않았지만, 2월 14일 영국 로이터 통신은 "미국 정부 내에서는 김정남의 암살 배후에 김정은이 있을 것이라고 믿는 분위기가 팽배하다"고 보도했다.

수사가 진행될수록 김정은이 암살 배후라는 정황은 갈수록 드러나고 있다. 칼리드 아부 바카르 말레이시아 경찰청장은 2017년 2월 22일 기자회견에서 북한 대사관 2등 서기관 현광성과 북한 고려항공 직원 김욱일이 김정남 암살 사건에 연루돼 있다고 발표했다.

이처럼 '백두혈통'이라는 말 자체도 창피한 현실에서 대한민국 언론사들은 부끄러움도 잊은 채, 김여정을 찬양하기 바쁜 모습을 보였다. 21세기 대한민국에서 '혈통'을 말하는 것은 코미디 같은 일이다. 미국 드라마 '왕좌의 게임'에서 존 스노우가 타가리안과 스타크 가문의 고귀한 혈통을 이어받았다고 말하는 내용은 판타지 소설답게 아름답게 들린다. 하지만 북한 독재자 가문인 김일성, 김정일, 김정은을 '백두혈통'이라고 하는 소리는 역겨울 뿐이다.

2018년 2월 9일 대한민국에서는 역사적인 평창동계올림픽이 개막했다. 1988년 9월 17일 서울하계올림픽이 열린 뒤 30년 만에 열린 세계인의 축제 올림픽이었다. 하지만 이날 모든 언론사들은 대한민국에 발을 들여놓은 김정은의 여동생 김여정을 띄우느라 정신이 없었다. 대한민국 언론이 이제는 김정은의 여동생까지 챙긴 것이다. 참으로 한심한 모습이다. 대한민국의 각 언론사에 기사를 공급하는 통신사인 연합뉴스는 2월 9일 이 같은 기사를 내보냈다.

北 김여정, 모피털 포인트 코트…"차분하고 품격있게 연출"(김은경 기자)

기사의 내용은 다음과 같다.

"2018 평창 동계올림픽을 맞아 9일 방남한 김정은 북한 노동당 위원장의 여동생인 김여정 당 중앙위원회 제1부부장은 차분하면서도 고급스러운 스타일로 품격을 연출했다."

"김여정의 고급스러운 패션은 현송월 삼지연 관현악단 단장의 패션과도 일맥상통한다."

사람을 외모로 평가하면 안 된다. 하지만 이렇게 김여정을 찬양하는 기사가 나왔으니 정말 궁금하다는 생각이 든다. 정말 김여정이 고급스럽다고 생각하나? 도대체 무슨 기준으로 '품격'이 있다는 것인가? 김여정을 찬양하기 위해 너무 오버한 것 아닌가?

기사의 내용을 보면 현송월 삼지연 관현악단 단장의 패션 이야기도 나온다. 이 부분도 반드시 짚어야할 부분이 있다. 2018년 1월 22일 북한 예술단 공연을 위해 사전점검 차 현송월이 대한민국에 들어왔다. 이미 이 때부터 대한민국 언론은 현송월 치켜세우기에 경쟁적으로 달려들었다. 김여정은 김정은 동생이라고 쳐도 현송월은 누구길래 이렇게까지 오버했는지 전혀 이해가 가지 않는다. 이날도 연합뉴스는 이 같은 제목의 뉴스를 내보냈다.

> 현송월, 롱코트·모피·앵클부츠…"차분하면서 고급스럽게 연출"(김은경 기자)

대한민국이 얼마나 가난한지, 얼마나 저급한 패션 스타일을 추구하는지는 모르겠다. 하지만 내가 볼 때 북한의 현송월에 대해 '고급스럽다'는 표현을 쓰는 것은 적절치 않다. 코웃음만 나올 뿐이다. 이날 현송월은 여우목도리를 목에 두르고, 대한민국 돈으로 2500만원이 넘는 프랑스 명품 에르메스 악어가죽 클러치 핸드백을 들고 나왔다. 현송월이 이런 사치스러운 명품을 몸에 두르고 다니는 것을 보면 오히려 찬양을 하는 것이 아니라 비난을 하는 것이 언론의 자세 아닌가? 현송월은 사업가가 아니다. 북한 독재자 김정은을 위해 공연을 하는 사람이다. 마찬가지로 김정은의 여동생 김여정이 입었던 모피코트는 과연 얼마나 비싼 제품일지는 안 봐도 훤하다.

다들 알다시피 북한에서는 굶어죽는 사람이 속출하고 있다. 2018년 6월 28일 데일리NK의 보도에 따르면, 김정은은 고위급 육군 장교가 군과 가족에게 식량과 연료를 추가로 지급했다는 이유로 그를 처형하라고 지시했다. 처형된 사람은 현주성 인민무력성 후방국 검열국장으로 북한 인민군 중장에 해당되는 고위급 장교다. 군인 9명이 권총 90발을 쏴서 현주성을 처형했는데, 처형 방법도 잔인하지만, 김정은의 처형 지시 한마디에 사람 목숨이 오가는 북한의 현실을 보면 공포스러울 뿐이다.

식량이 부족해 고통을 겪는 북한에서 여우목도리에 모피코트, 에르메스 핸드백을 자랑스럽게 들고 다니는 독재자 김정은의 사람들을 대한민국 언론은 언제까지 찬양할지 참으로 개탄스럽다.

6-8.
천안함 폭침 관련 북한 입장 대변한 언론

2010년 3월 26일 밤 9시 22분 천안함이 침몰했다. 서해 백령도 부근에서 어뢰 공격으로 천안함이 침몰해 승조원 104명 중 46명이 전사하고 58명이 구조됐다. 3월 30일에는 해군 특수전여단 수중폭파대(UDT) 소속 한주호 준위가 실종자 수색 작업을 하다가 실신해 응급처치를 받았지만 숨지는 사고도 있었다. 이후 4월 3일 실종자 가족들은 더 이상의 수색 작

인양되는 천안함

업으로 희생자가 나오길 원하지 않는다며 수색작전 중단을 요청하는 기자회견을 열었다. 참으로 가슴 아프고 숭고한 결정이었다.

천안함 침몰 원인을 조사하기 위해 민군 합동조사단이 구성됐다. 국내 10개 전문기관의 전문가 25명과 군 전문가 22명, 국회추천 전문위원 3명, 미국과 호주, 영국, 스웨덴 등 4개국 전문가 24명으로 모두 74명이 참여하는 대규모 조사단이었다. 2010년 5월 20일 민군 합동조사단은 "북한 잠수정이 쏜 어뢰가 수중 폭발해 천안함이 침몰했다"고 공식 발표했다. "북한제 어뢰가 가스터빈실 중앙으로부터 좌현 3m, 수심 6~9m 지점에서 수중 폭발했고, 이 때 생긴 충격파 등에 의해 배가 절단돼 침몰했다"고 밝혔다. 합동조사단은 북한 어뢰 잔해를 찾아내 공개했는데, 어뢰 추진부 안쪽에 파란 잉크로 적힌 '1번'이라는 한국어 글자가 선명하게 보였다. 북한이 부품 식별을 위해 손으로 글자를 쓰는 방식을 사용하는데, 지난 2003년에 확보한 북한 어뢰에도 한글로 '4호'라는 글씨가 쓰였다고 설명했다.

하지만 좌파 성향의 대한민국 언론사들은 이 사실을 부정하기 바쁜

1번이라고 써있는
어뢰 사진

6. 민주노총에 장악된 대한민국 언론 사례 모음

오마이뉴스 공식사과 기사 캡쳐

모습을 보였다. 이들은 각종 전문가라는 사람들을 끌어와서 어뢰 추진부에 있는 "'1번'이라는 글자가 어떻게 멀쩡할 수 있느냐"에 대한 의문을 제기하거나, 천안함과 어뢰에 붙어있는 흰색 흡착물이 "폭발의 증거가 아니라 자연스러운 풍화작용에 의한 녹일 수 있다"는 의혹을 제기했다. 한겨레신문, 경향신문, 오마이뉴스 등이 북한 어뢰설에 대해 강한 의문을 제기했다. 심지어 2011년 3월 24일 오마이뉴스는 어뢰에서 발견된 붉은 물질이 서해안이 아닌 동해안에 서식하는 붉은 멍게라고 주장하는 기사를 내며 북한 어뢰설에 대해 의문을 제기했다. 하지만 국방부가 국립수산연구소에 의뢰해 해당 물질을 조사한 결과 붉은 멍게가 아닐뿐더러 생명체조차 아닌 것으로 파악됐다. 이에 오마이뉴스는 2011년 4월 6일 공식 사과 보도를 내는 황당한 일까지 벌어졌다.

2013년 9월 5일에는 '천안함 프로젝트'라는 다큐멘터리 영화가 개봉했다. 내용은 북한의 어뢰 공격으로 천안함이 침몰했다는 민군 합동조사

천안함 프로젝트 포스터

단의 조사결과에 의문을 제기하는 내용이었다. 해군 장교와 천안함 유가족 등 5명이 '천안함 프로젝트' 상영금지 가처분 신청을 내기도 했지만, 의정부지방법원 고양지원은 기각 결정을 내렸다. 재판부는 "영화의 제작이나 상영은 헌법상 표현의 자유에 의해 보장 된다"며 기각 이유를 설명했다. 말도 많고 탈도 많은 영화였지만, 관객 수 2만 1317명을 기록하며 처참한 흥행 성적을 거뒀다.

그런데 2018년에 또다시 천안함 폭침 사건이 대한민국에서 논란의 중심으로 떠올랐다. 통일부는 2018년 2월 22일 "북한이 평창올림픽 폐막식 행사에 참여하기 위해 김영철 북한 노동당 중앙위원회 부위원장 등 고위급 대표단을 보내겠다"고 한 사실을 밝혔다. 문제는 김영철이 바로 천안함 폭침을 주도한 사람이라고 볼 수 있다는 것에 있었다. 천안함을 폭침한 잠수정은 북한 정찰총국 소속이라는 사실을 국방부에서는 이미 오래 전부터 파악하고 있던 상황이었다. 그리고 당시 정찰총국장은 바로 김영철이었다. 문재인 정부의 국방부장관인 송영무 역시 2018년 2월 28일 국회 국방위원회에 출석해 "2010년 천안함 폭침은 북한의 소행이며, 천안함을 폭침한 북한 잠수정은 정찰총국 소속"이라고 밝혔다. 문재인 정부에서조차도 이 사실만큼은 부인할 수 없었다.

그런데 2018년 2월 23일 MBC는 프라임타임 메인뉴스인 8시 뉴스데스크에서 이 같은 보도를 너무나 당당히 내보냈다. 천안함 희생자와 유가족들의 마음은 생각하지도 않는 보도였다.

김영철 '천안함 주범' 추측일 뿐 단정 못해…대화 가능(엄지인 기자)

두 눈을 의심하지 않을 수 없는 보도였다. 이렇게 눈꼴 사나울 정도로 북한 김영철을 감싸는 보도가 있을 수 있을까? 기사 내용은 다음과 같다.

> 지난 2010년, 미국 영국 등이 참여한 다국적 조사단은 천안함이 북한의 어뢰공격으로 침몰했다고 결론 내렸습니다. 당시 국방부는 여기에 덧붙여 인민군 정찰총국이 천안함 사건을 주도했을 가능성이 크다고 밝혔습니다.
>
> "전례로 볼 때, 금번 사건도 정찰총국이 주도한 소행일 가능성이 큰 것으로 보고 있습니다."(황원동 당시 국방부 정보본부장/2010년 5월)
>
> 이런 발언들을 근거로 당시 정찰총국장이던 김영철은 주범으로 지목되기도 합니다. 하지만 공식보고서엔 '정찰총국'이 주도했다는 내용도 없고, 김영철이란 이름이 등장하지도 않습니다. 직접적인 증거가 없기 때문입니다.

북한 정찰총국이 주도했다는 직접적인 증거가 없기 때문에 김영철을 천안함 폭침의 주범으로 단정할 수 없다는 것이다. 북한은 어느 누구도 직접 들어가서 수사를 할 수 없는 국가이다. 직접 증거를 찾을 수 없기 때문에 범인임을 단정할 수 없다는 주장은 최소한 북한에게 적용되어서는 안 될 말이다. 북한이 국제적인 합동 조사단에 의해 조사에 성실히 응했더니 증거가 나오지 않았던 것인가? 설령 끝까지 의심을 하는 것이 언론의 책무라고 할지라도 김영철을 감싸는 식의 이 같은 보도를 대한민국 공영방송에서는 절대로 해서는 안 되는 것이다.

그렇다면 왜 이 같은 보도가 나왔을까 의문을 가져볼 필요가 있다. 바로 문재인 정부가 이 같은 입장을 냈기 때문에 MBC가 보조를 맞춘 게 아닌가하는 의심이 들게 된다. 문재인 정부는 김영철의 방남에 대해 "대승적 차원에서 이해를 부탁한다"고 밝혔다. 2018년 2월 23일 오전 통일부 백태현 대변인의 발언이었다. 이어 백 대변인은 이 같은 말을 했다.

> "천안함 폭침은 분명히 북한이 일으켰으며 김영철 부위원장이 당시 정찰총국장을 맡고 있었던 것은 사실이지만, 구체적인 관련자를 특정해내는 데는 한계가 있다는 것도 사실이다."

한마디로 김영철 논란이 커지고 있지만, 남북관계 개선을 위해 대승적 차원에서 이해를 부탁한다는 말을 한 것인데, 여기서 그치지 않고 '김영철이 천안함 폭침의 배후인지 확인이 안 되는 것 아니냐'는 말까지 한 것이다.

통일부가 2월 23일 오전에 이 같은 발언을 하고, 그날 밤에 MBC가

6. 민주노총에 장악된 대한민국 언론 사례 모음

대한민국의 가수들이 평양에서 공연을 했다.
인기가수인 레드벨벳의 아이린과 김정은이 바로 옆에서 사진을 찍어 화제가 되었다.

이 같은 보도를 한 것인데, 문재인 정부와 MBC가 함께 보조를 맞춘 것 같은 느낌을 지울 수 없다. 좌파 정부와 함께 하려고 애쓰는 것처럼 비춰지는 참으로 안타까운 대한민국 공영방송의 현실을 보는 것 같다. 언론인으로서 마음이 아프다.

결국 MBC의 문재인 정부에 충성하는 듯한 보도는 앞서 2월 28일 송영무 국방부 장관이 국회 국방위원회에 출석해 "천안함 폭침 당시 출동한 북한 잠수정은 정찰총국 소속으로 알고 있다"고 밝힘으로써 체면을 구기게 됐다. 송영무 장관은 김영철의 대한민국 방문에 대해 "군 입장에서는 불쾌한 상황"이라는 발언도 했다. 그래도 문재인 정부에서 소신있는 장관이 있다는 사실은 한편으로는 다행스럽다. 이와 함께 MBC의 보도는 참으로 황당하다는 생각을 지울 수 없다.

문재인 정부와 대한민국 언론이 이 같은 태도를 보이고 있으니, 북한은 얼마나 대한민국을 우습게보고 있을지 안 봐도 훤하다. 2018년 3월 31

천안함 폭침 주범인 김영철

일, 가수 조용필, 이선희, 윤도현, 레드벨벳 등이 평양을 방문했다. '남북 평화협력 기원 남측 예술단 평양 공연'이라는 행사로 4월 4일까지 이어졌다. 이 자리에서 천안함 폭침 주범 김영철은 오만방자한 행동을 자행했다. 대한민국 가수들의 평양공연이 한창이던 4월 2일, 북한 김영철 노동당 부위원장은 대한민국 기자단을 만난 자리에서 자신을 "남측에서 천안함 폭침 주범이라는 사람이 저 김영철"이라고 소개했다. 이는 대한민국에서 자신을 '천안함 폭침 주범'이라고 지목하는데 대해 비아냥거리기 위한 목적이었다. 이 소식이 언론을 통해 알려지자 대한민국의 수많은 국민들은 분노했다. 논란이 커지자 이틀 뒤인 4월 4일 대한민국 통일부는 김영철 노동당 부위원장 겸 통일전선부장이 스스로 "남측에서 천안함 폭침 주범이라는 사람이 저 김영철"이라고 밝힌 데 대해 "국방부의 기존 발표를 신뢰한다"고 밝혔다. 국방부는 이와 관련해 천안함 폭침 주범을 특정할 수 없다는 입장을 유지했다. 2월 28일 국방부장관 송영무는 "천안함을 폭침한 잠수정은 북한 잠수정은 정찰총국 소속"이라고 밝혔다. 그런데 당시 정찰총국장이었던 김영철을 국방부나 통일부가 특정할 수 없다는 것은 무슨 헛소리인지 이해할 수가 없다. 문재인 정부가 이렇게 비굴한 태도를 유지하고 있으니 북한이 얼마나 대한민국을 깔보고 김영철이 당당하게 비꼬는 말까지 할 수 있을까?

　7월 5일에는 북한 평양에 대한민국 농구대표팀이 방문했다. '통일농구대회'라는 행사였는데, 김영철이 대한민국 조명균 통일부 장관과 농구대표팀 등이 머물고 있었던 평양 고려호텔을 찾았다. 이 자리에서 대한민국 기자들은 '지난 4월 남측 기자단과 만나서 천안함 폭침 주범이라고 소개하셨는데 왜 그렇게 하셨느냐'고 물었으나 그는 아무 말 없이 쌩 지나갔다. 대한민국 정부도 만만하게 보는 김영철이니 대한민국 기자 정도는 우습게 무시해도 되는 듯하다.

6-9.
연평해전은 어민 때문이라는 언론

한일월드컵 열기가 한창이던 2002년 6월 29일 서해상에서 북한 경비정 2척이 대한민국 해군 참수리 357호를 향해 집중사격을 가했고, 윤영하 소령과 한상국 상사 등 6명이 전사했다. 하지만 남북 화해 분위기를 강조했던 좌파 정권 김대중 정부는 이런 사태에 분노하는 모습을 전혀 보이지 않았다. 김대중 대통령은 오히려 바로 다음날 한일월드컵 결승전인 브라질과 독일의 경기를 보기 위해 일본 요코하마로 떠났다.

연평해전 다음 날 일본으로
축구 경기를 보러 간
김대중 전 대통령

그리고 MBC는 6월 30일부터 납득하기 어려운 보도 행태를 보였다. 일단 뉴스 배치부터 납득하기 어려웠다. 1번부터 8번까지의 리포트가 월드컵 결승전 내용이었다. 대한민국이 결승전에 진출한 것도 아니고, 브라질과 독일이 결승을 벌인 것인데, 무려 8개의 리포트를 내보낸 것이다. 그리고 9번째부터 연평해전 소식을 내보냈다. 같은 날 KBS는 1번부터 22번까지 리포트를 연평해전 소식으로 내보냈고, 23번째 리포트부터 월드컵 소식을 전했다. 이게 상식적인 뉴스 배치 아닌가? SBS는 뉴스 시작과 동시에 월드컵 결승전 하이라이트 3분 영상을 보여준 뒤, 1번부터 13번까지 리포트를 연평해전 소식으로 내보냈고, 14번째 리포트부터 월드컵 소식을 전했다.

MBC의 문제는 뉴스 배치에서만 있었던 것이 아니었다. 이날 MBC는 북한의 입장에서 리포트를 하는 듯한 이상한 태도를 보였다.

'북한 서해 교전사태 남한이 영해 침범 등 반박'(이용마 기자)

해당 리포트는 북한이 대한민국의 주장을 조목조목 반박했다는 내용이었다. 북한의 주장만 전했다면 충분히 있을 수 있는 리포트였다. KBS와 SBS도 북한의 주장을 리포트로 내보낸 것은 마찬가지였다. 하지만 해당 리포트는 북한의 주장만 전하는 내용이 아니었다.

> **기자** 북한의 이런 태도는 이번 사건이 북한 수뇌부의 의도적인 도발이 아니라는 분석에 힘을 실어주고 있습니다.
> 게다가 아리랑 축전이 진행되고 북미대화를 눈앞에 둔 지금 시점에 이번

> 사건을 계획적으로 일으켰다는 것은 납득하기 어렵습니다.
>
> **서동만(상지대 교수)** 최고 지도부, 김정일 국방위원장을 포함해서 그 의도가 실린 행동으로 보기에는 너무 설명이 안 된다는 거죠.

이용마 기자는 북한의 주장에서 한걸음 더 나아갔다. 도대체 무슨 근거인지 모르겠지만, 북한의 주장이 사실일 가능성이 높다는 주장까지 했다. 거기에 서동만 상지대 교수라는 인물까지 동원해서 북한의 편을 들어주려 안간힘을 썼다. 참고로 서동만은 1970년대 학생운동으로 투옥되기도 했던 좌파 성향 인물로 노무현 정부가 들어선 이후인 2003년 4월 국가정보원 기획조정실장에까지 올랐다. 국정원 기조실장이 된 이후에도 서동만은 '친북좌파'라는 이념 성향 시비에 시달렸다.

MBC는 7월 1일 톱뉴스로 납득하기 어려운 보도를 하기 시작했다.

'연평도 꽃게잡이 어민 서해 교전 사태 발생 자책 증언'(유상하 기자)

북한군의 일방적인 도발로 우리나라 해군 장병들이 목숨을 잃은 사건을 MBC는 '꽃게잡이 어민 때문에 교전이 발생했다'는 리포트로 내보낸 것이다.

> **기자** 어민들의 증언을 종합해 보면 교전 발생 당일 조업허가를 받은 어선 56척이 꽃게잡이를 하고 있었고 해군함정 6척이 통제를 하고 있었습니다.

그러나 어선들 가운데 10여 척이 꽃게잡이에 열중한 나머지 정해진 작업 구역을 넘어섰습니다.

신남석(연평도 주민) 제가 조업구역을 벗어나 가지고 들어가니까 우리 경비정이 어민들을 보호하는 차원에서 저지하려고 막은 거예요.

기자 우리 해군은 급히 어선들을 남쪽으로 유도했지만 어선 한두 척이 해군의 통제를 무시한 채 달아나 우리 고속정과 어선 간의 추격전도 벌어졌다고 전해졌습니다.

신남석(연평도 주민) 자꾸 내려오라고 지도하는 그런 순간에 북경비정이 먼저 선제사격을 한 거예요.

기자 이 추격전 와중에 갑자기 나타난 북한 경비정과 교전이 벌어지게 됐다는 것이 목격자들의 일치된 증언입니다.

MBC는 이날 '꽃게어선 때문에 큰 피해'를 입었다는 납득하기 어려운 보도를 무려 4개나 연속해서 보도했다.

1번 연평도 꽃게잡이 어민 서해 교전 사태 발생 자책 증언(유상하 기자)
2번 연평도 꽃게잡이 어선 어로 한계선 넘어 조업(황석호 기자)
3번 해군 고속정 꽃게잡이 어선 통제하다 북 경비정에 참사(전봉기 기자)
4번 국방부와 연평도 어민 증언 달라(박승진 기자)

이후에도 MBC는 연평해전의 원인이 '꽃게잡이 어민들의 불법조업' 때문이라는 리포트를 계속 내보냈다. KBS와 SBS와는 확연히 다른 뉴스였다. 이런 상황이 이어지던 중 KBS는 2002년 7월 5일에 연평해전에 대한 합동참모본부의 현장조사와 관련한 리포트를 내보냈다.

"해군 초기대응 문제 있었다"(권재민 기자)

> **기자** 조업구역을 벗어난 우리 어선들이 이번 교전에 빌미를 줬다는 일부 주장에 대해서는 교전과 조업과는 관련이 없다는 결론을 내린 것으로 알려졌습니다.

여기서 KBS가 리포트를 통해 내보낸 '일부 주장'은 바로 MBC 뉴스의 주장으로 판단된다. 월간조선 역시 2002년 8월호에서 'MBC 뉴스데스크가 연평해전의 본질을 북한의 도발이 아니라 꽃게잡이 어선들의 월선조업이라고 호도함으로써 시청자들의 외면을 받고 시청률이 떨어지고 있다'는 내용의 보도를 했다. 이에 MBC는 월간조선이 MBC의 명예를 훼손했다며 손해배상 소송을 제기했지만, 서울중앙지방법원은 월간조선의 손을 들어줬다. 재판부는 "월간조선이 MBC의 서해교전 보도 태도에 대해 쓴 기사는 '원고가 서해교전에 대한 잘못된 분석을 하고 있다'는 의견을 표명한 것"이라며 "월간조선의 보도는 언론 매체 상호간의 정당한 '비평'의 범위 내에 속한 만큼 원고의 명예를 훼손했다고 볼 수 없다"고 밝혔다. 이어 재판부는 "공영방송이 국민여론 형성에 미치는 영향이 큰 점 등을 고려할 때 방송의 보도 태도의 정당성, 객관성에 대한 자유롭고 폭넓은

비평이 허용돼야 한다"고 덧붙였다.

6-10.
미군 사드 선동의 주역 JTBC

2014년 6월 3일 커티스 스캐퍼로티 한미연합사령관이 한국국방연구원(KIDA) 국방포럼 조찬 강연에서 "개인적으로 한국에 사드 배치를 요청했다"고 말했다. 이후 대한민국은 사드 논란에 휩싸이게 됐다.

사드는 북한의 핵미사일을 막기 위해 대한민국에 반드시 필요한 방어체계이다. 고고도 미사일 방어체계를 뜻하는 사드는 사거리 3000km급 이하의 탄도미사일이 대기권으로 하강할 때 고도 40~150km 상공에서 직접 맞춰 파괴하는 탄도미사일 방어 체계다. 사드가 있기 전까지 대한민국에는 그동안 패트리어트가 북한의 핵미사일을 방어하는 시스템이었다. 패트리어트의 요격 가능 고도는 15~30km이다. 일단 사드의 최대 요격 가능 고도가 150km이고, 패트리어트의 최대 요격 가능 고도가 30km라는 점을 주목할 필요가 있다. 1단계인 사드가 핵미사일을 요격하지 못할 경우, 낮은 고도에서 패트리어트가 요격을 하게 되는 2단계 방어 시스템을 완성하는 것이다. 대한민국 공군이 보유한 패트리어트 미사일은 직접 미사일을 격추시키는 것이 아니라 적군의 미사일 주변에 파편을 터뜨려 폭파하도록 유도하는 PAC-2 버전이다. 이 같은 방법에 대한 요격률이 안심할 수준인가에 대한 의문이 제기돼 온 만큼 적군의 미사일을 직접 타격하는 방식인 PAC-3 버전으로 성능 개량이 진행되고 있다. 사드가 대한민국을 지키는데 얼마나 중요한가를 보여주는 부분이다.

　북한 핵미사일로부터 대한민국 국민을 보호하기 위해 사드를 도입하는 논의가 이뤄져야 하는데, 난데없이 중국이 반대하고 나섰다. 2015년 2월 4일 창완위안 중국 국방부장은 한중 국방장관 회담에서 "사드가 한반도에 배치되면 한중관계가 훼손될 것"이라며 협박성 발언을 쏟아냈다. 미군이 배치하려는 사드는 북한을 견제하려는 것이 아니라, 바로 중국을 견제하려는 것이라는 주장이었다. 그렇게 중국의 반대로 주춤하는가 했던 사드 논란은 2016년부터 다시 시작됐다. 2016년 1월 13일 박근혜 대통령은 신년 대국민 담화에서 "안보와 국익에 따라 사드 배치를 검토하겠다"고 밝혔다. 이에 중국은 2월 15일 '결연한 반대'라는 표현까지 사용해가면서 반발했다. 홍레이 중국 외교부 대변인은 "미국의 한반도에 대한 사드 배치 가능성에 대해 엄중한 우려를 표시 한다"고 밝히면서 "한반도 문제를 이용해 중국의 국가 안전이익을 훼손하는데 대해 결연히 반대한다"며 대한민국과 미국을 모두 비난했다. 이런 상황에서 더불어민주당과 국민의 당, 정의당 등의 좌파성향 국회의원들은 중국의 입장에 동조하면서 대한민국 정부와 미국 정부를 비판하기 시작했다.

　대한민국의 고질병인 반미주의가 또다시 올라오는 분위기였다. 언제나 반미주의가 폭발하는데에는 대한민국 언론이 큰 역할을 해왔다. 2016년 5월 11일 JTBC는 단독보도라면서 '주한미군, 서울 복판 기지서 지카 실험 추진'이라는 충격적인 리포트를 내보냈다. 일단 제목부터가 수많은 대한민국 국민들을 공포와 분노에 빠뜨리기에 충분했다. 책의 앞부분에서 밝힌 것처럼 2000년 7월 13일 녹색연합은 주한미군이 포름알데히드를 한강에 몰래 방류했다고 발표해 대한민국 국민들을 공포와 분노에 빠뜨린 바 있다. 이는 곧 2006년 7월에 개봉한 봉준호 감독의 '괴물'이라는 영화로까지 이어졌다. JTBC는 2013년 5월 13일 손석희를 보도 담당 사장으로 취임시킨 이후부터 본격적인 좌파 성향 방송을 이어가고 있다. 대기업 언론인 JTBC가 좌파 성향 방송을 하는 아이러니한 상황은 뒤에서 자세히 다루도록 하겠다. MBC에 아나운서로 입사한 손석희는 민주노총 산하 언론노조 간부였다. 1992년 10월 파업 투쟁을 하다가 구속되기도 한 강성 좌파 노조원 출신이다. 손석희의 JTBC가 '주한미군, 서울 복판 기지에서 지카실험 추진'이라는 보도를 내보내자 주한미군은 즉각 반발했다. 바로 다음날인 5월 12일 주한미군은 "JTBC가 영어 해석을 잘못해서 나온 '오보'이며 전혀 사실이 아니다"라고 밝혔다. 참으로 황당하고 창피한 일이 벌어진 것이다. 에지우드 생화학센터(ECBC) 홈페이지에 올랐던 글은 다음과 같다.

"The participants in the project are already looking to add a Zika virus detection capability in Yongsan." said Redmond.

레드몬드 박사가 "프로젝트 참여자들은 용산 기지에서 지카 바이러스를 탐지할 수 있는 역량을 추가하려 하고 있다"라고 번역될 수 있는 아주 쉬운 문장이었다.

그런데 JTBC의 기자와 보도책임자들은 단독보도라는 타이틀까지 붙이면서 이런 간단한 영어 문장까지도 엉뚱하게 번역하는 놀라움을 보여 줬다. 레드몬드 박사가 "용산에서 '지카 바이러스' 관련 프로그램을 추가하라고 했다"고 번역해 보도한 것이다. '지카 바이러스를 탐지할 수 있는 역량'을 키우겠다는 내용을 대한민국 한복판에서 미군이 '지카 바이러스 실험을 한다'는 선동으로 이끌어버린 것이다.

하지만 대한민국 언론의 선동은 언제나 전국민적인 반미주의로 이어졌다. 설령 그 선동이 잘못됐다는 반박과 지적이 있어도 말이다. 이런 가운데 2016년 7월 8일 한국과 미국은 대한민국에 사드 배치를 하기로 결정했다고 공식 발표를 했다. 그리고 13일에는 경북 성주군 성산리에 위치한 성산포대를 사드 배치 지역으로 발표했다. 이날 유력한 대통령 후보이자 더불어민주당의 전 대표였던 문재인은 페이스북을 통해 "북핵 문제를 해결하기 위해 주변국과의 공조와 협력외교가 필요하다", "사드 배치 결정을 재검토할 필요가 있다"며 반대 입장을 밝혔다. 여기서 문재인이 밝힌 주변국은 바로 중국이다. 왜냐하면 일본은 사드 배치에 찬성 입장이기 때문이다.

문재인이 사드 반대 입장까지 밝힌 이날 JTBC는 또다시 황당한 보도를 내보냈다. JTBC 프라임타임 메인뉴스인 뉴스룸은 '민가 향한 사드 레이더 문제 … 일본 기지 가보니'(유선의 기자)라는 제목의 보도를 했다. 여기서 JTBC는 2016년 1월 10일 미군 기관지인 '성조지'의 괌 사드 포대 현지 르포기사를 자기네들 멋대로 번역하는 창피한 일을 또 한 번 저질렀다. 기사의 원문 내용은 다음과 같다.

"Site Armadillo feels remote because it is … and the roar of a massive generator that could light a small town envelops all."

"아르마딜로 사드 부대는 상당히 동떨어진 느낌만 받을 것 같다. 왜냐하면 작은 마을 하나를 충분히 밝힐 규모의 거대한 발전기가 내는 소음이 모든 것을 뒤덮고 있기 때문이다."로 번역될 수 있는 간단한 문장이다.

그런데 이 문장을 JTBC는 "발전기의 굉음이 작은 마을 전체를 덮어버릴 정도"라고 번역해서 방송에 내보냈다. 사드 부대가 외딴 밀림에 있다는 점을 강조했던 성조지의 보도를 JTBC는 사드의 굉음이 엄청나다는 황당한 번역으로 바꿔버린 것이다. 이들의 오역은 여기서 끝나지 않았다.

"The site is bounded by the densely wooded Conservation Area No. 50 on one side. The only thing that we know lives in there are two pigs, Pork Chop and Bacon Bit."

"아르마딜로 사드 부대의 한쪽은 나무가 울창한 50번 자연보호구역으로 막혀 있다. 우리가 알기로 저 안에 사는 건 돼지 두 마리밖에 없다. 폭찹이랑 베이컨 조각 정도."로 번역될 수 있는 전혀 어렵지 않은 문장이다.

대한민국은 영어 교육 수준이 높은 편이라서 거의 모든 대한민국 국민들이 간단한 영어 문장을 해석할 수 있다. 그런데 JTBC 기자와 보도책임자들은 그런 수준에 못 미치는 것인지 아니면 의도적으로 번역을 이상하게 한 것인지 의문이 든다.

6. 민주노총에 장악된 대한민국 언론 사례 모음

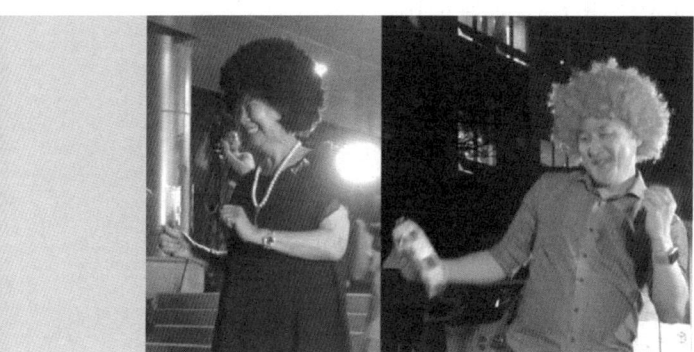

사드에 반대하는
노래에 맞춰 춤을 추는
표창원, 손혜원 국회의원

JTBC는 이 쉬운 문장을 "이 지역에서 살 수 있는 것은 두 마리 돼지 뿐"이라고 번역해서 방송으로 내보냈다. 사람들이 사는 곳과 워낙 떨어져 있는 곳이라서 '산속에 돼지나 살고 있을 것'이라는 문장을 JTBC는 마치 사드 부대 때문에 '돼지 두 마리만 살 수 있는 곳'으로 선동해버렸다.

결국 JTBC는 잘못된 보도를 내보낸 지 4일이 지난 2016년 7월 17일 '보도 내용에 오역이 있었다'며 공식 사과했다. 방송통신심의위원회는 2016년 8월 25일 해당 보도를 한 JTBC에 법정제재에 해당하는 중징계인 '경고' 처분을 내렸다.

하지만 이미 반미주의는 좌파진영에서 더욱 널리 퍼진 상황이었다. 2016년 8월 3일 더불어민주당 국회의원인 표창원과 손혜원, 박주민 등 국회의원 6명은 경북 성주를 방문해 '사드 배치 반대'를 주장하며 '촛불집회'에 참석했다. 여기서 표창원과 손혜원 등은 '사드가 위험한 전자파를 내보낸다'는 공포감을 심어주는 말도 안 되는 노래까지 부르는 만행을 저질렀다. 대한민국 국회의원들의 수준을 그대로 보여주는 대목이다. 가수

인순이의 '밤이면 밤마다'를 개사해서 노래를 불렀는데, 가사 내용은 다음과 같다.

"외로운 밤이면 밤마다 사드의 전자파는 싫어"
"강력한 전자파 밑에서 내 몸이 찢어질 것 같아 싫어"

한심한 좌파 국회의원들은 국민들을 거짓으로 선동하는 무책임한 노래를 한곡만 부르지 않았다. 가수 오승근의 '내 나이가 어때서'를 개사해서도 노래를 불렀는데, 가사 내용은 다음과 같다.

"어느 날 우연히 전자파에 튀겨진 이 내 모습을 바라보면서"

이게 대한민국 국회의원들의 수준이다. 사드 부대에 있는 군인들은 전자레인지에 들어가 있다는 수준의 선동을 너무나도 쉽게 해버린 사람들이다. 1년 뒤인 2017년 8월 12일 사드 부대의 전자파와 소음이 모두 인체에 무해하다는 조사 결과가 나왔지만, 이들은 어떠한 사과도 하지 않아 비판이 이어지기도 했다.

2016년 8월 3일에 사드 공포를 선동하는 노래와 댄스를 선보였던 손혜원 등 6명의 더불어민주당 국회의원들은 5일 뒤인 8월 8일 중국으로 날아갔다. 대한민국에 배치되는 사드와 관련해 중국의 의견을 듣고자 베이징을 갔다고 밝혔다. 이는 '굴욕외교'의 문제를 넘어서 '대한민국 안보'를 망치는 행위로 평가될 수 있다. 대한민국 국민을 북한 핵미사일로부터 보호하겠다는 사드 배치 문제를 왜 중국에게 묻는 것인가? 이들은 중국에 대한 '사대주의' 외교를 계속 이어갔다. 2017년 1월 4일에는 송영길과 박정 등 7명의 더불어민주당 국회의원들이 왕이 중국 외교부장을 만났다. 이때는 이미 중국의 이른바 '사드 보복 조치'로 롯데를 비롯한 대한민국 기업들에 대한 옹졸한 괴롭힘이 이어졌었다. 이들은 중국에게 어떠한 항의도 하지 못한 채 중국의 '사드 반대 주장'만 들었다는 비판을 들었다.

어쩌면 현재 대한민국에서 가장 위험한 좌파 성향 언론은 JTBC로 보인다. 한겨레신문이나 경향신문, 한국일보 등과 달리 방송이라는 매체를 가지고 있을 뿐만 아니라 거대기업의 든든한 지원까지 받고 있으니 말이다. 게다가 JTBC는 너무나 당당하고 뻔뻔하기까지 하다. 2016년 10월 24일 JTBC가 단독 보도한 '최순실 PC 파일 입수…대통령 연설 전 연설문 받았다'(김필준 기자) 보도는 대한민국의 운명을 바꿔버렸다. 이날 JTBC는 '최순실의 컴퓨터 파일을 입수했다'고 보도했다. 그리고 컴퓨터를 뜻하는 'PC'라는 말도 사용했다. 뉴스의 화면 역시 누가 봐도 데스크톱 컴퓨터에 있던 파일이 모니터를 통해 인식되도록 보이는 장면이었다. 그런데 JTBC가 최순실의 컴퓨터 파일을 어떻게 입수했는가를 놓고 주변에서 의혹이 끊이지 않았다. 변희재의 책 '손석희의 저주'(2017년)에 따르면 JTBC가 2016년 10월 24일 단독보도에서는 '최순실 컴퓨터'로 표현했다가, 이틀 뒤인 10월 26일부터 '최순실 태블릿PC'로 용어를 바꿨다고 밝혔다. 다른 나라에서는 어떻게 구분해서 표현하는지 모르겠지만, 일단 대한민국 사람들은 '태블릿PC'를 '컴퓨터'라고 표현하는 경우가 거의 없다. 이건 마치 스마트폰이 컴퓨터와 같은 기능을 하고 있다고 해서 스마트폰을 '컴퓨터'로 부르지 않는 것과 마찬가지이다. 하물며 JTBC 뉴스에서 그 중요한 단독 보도를 하면서 '태블릿PC'와 '컴퓨터'를 혼동되게 표현했다는 것은

태블릿 PC에 대한
논란이 많아지자,
꼬리를 내린 JTBC 보도

이해하기가 힘들다. 게다가 JTBC의 최순실 태블릿PC 입수 경위와 관련해서 계속 엇갈리는 진술이 나오고 있어서 의혹은 증폭되고 있다. 변희재의 책 '손석희의 저주'(2017년)을 꼭 읽어보길 권한다.

2016년 12월 9일 대한민국 국회는 박근혜 대통령에 대한 탄핵안을 통과시켰다. 당시 여당인 새누리당 소속 국회의원 상당수가 탄핵안을 찬성하면서 일어난 일이었다. 그런데 바로 이날 JTBC의 보도부문 사장이자 프라임타임 메인뉴스인 뉴스룸의 앵커인 손석희는 황당한 소리를 했다. 그것도 자신이 할 말을 화면에 크게 띄워 가면서까지 이렇게 말했다.

2016년 10월 24일 JTBC의 보도로 박근혜 대통령은 탄핵됐다. 그런데, 그 보도를 한 JTBC의 사장이 할 소리인가? 태블릿PC 보도로 인해 박근혜가 탄핵됐는데도 말이다.

그렇다면 손석희의 고용주는 누구인가? 바로 홍정도라는 40대 재벌 3세다. 홍정도는 중앙일보와 JTBC에서 사장을 맡고 있다. 홍정도의 할

6. 민주노총에 장악된 대한민국 언론 사례 모음

아버지는 중앙일보와 TBC라는 방송사를 세운 홍진기로 해방 후 미군정청에서 법제부 법제관 등을 했던 인물이다. 홍진기의 딸은 홍라희로 이건희 삼성회장의 부인이고, 이건희와 홍라희 사이에서 나온 아들이 이재용 삼성 부회장이다. 홍라희의 동생이 홍석현인데, 좌파인 노무현 정부 시절 2005년 2월 주미 대사에 임명되기도 했다. 당시 홍석현은 재벌 2세인데다가 좌파 정부의 주미 대사를 하면서 노무현의 후계자로, 차기 대권 주자로 주목을 받기도 했다. 하지만 MBC에서 '삼성 X파일 사건' 고발 보도를 하면서 사건에 연루된 홍석현은 단 7개월 만에 주미 대사직을 내려놓게 됐다. '삼성 X파일 사건'은 1997년 대통령 선거 당시 홍석현 당시

확인되지 않은 사실도
가치 있는 정보라고 발언하는
홍정도

중앙일보 사장이 삼성그룹의 이학수 부회장과 신라호텔에서 특정 대통령 후보를 돕기 위한 자금 제공을 공모하고 검사들에게 뇌물을 제공한 일과 관련된 내용이었다. 1997년 대통령 선거에서 당선된 인물은 바로 김대중이었다.

한 때 대통령의 꿈까지 키웠다가 '삼성 X파일 사건'으로 7개월 만에 주미 대사직에서 물러난 홍석현은 그 꿈을 아들인 홍정도에게 물려줬을지도 모르겠다. 40대 재벌3세 홍정도는 2015년 9월 21일 서울 동대문 디자인 플라자에서 열린 '중앙 50주년 미디어 컨퍼런스'에서 강연자로 무대에 올라 미래 비전을 밝히며 이같이 말했다. 홍정도는 당당히 제목까지 화면에 크게 띄우며 이렇게 말했다.

"확인되지 않은 사실도 가치 있는 정보다."
"언론윤리관이 제대로 박혀있는 언론인이라면 확인되지 않은 사실을 어떻게 씁니까?"
"이 부분이 사실은 언론인으로서 받아들이기 굉장히 힘든 부분이기는 하지만 이런 부분들이 사실은 자세가 바뀌어야 되는 부분입니다."
"그리고 이런 식으로 뉴스의 흐름을 관리해야지 변화하는 미래 언론 환경에서 살아남을 수 있다고 자부합니다."

언론인으로서 홍정도에게 욕설을 퍼붓고 싶은 심정이다. 이렇게 나쁜 언론사 사주가 있을 수 있을까? 그것도 이렇게 당당하고 뻔뻔하게 말이다. JTBC 사주가 언론윤리관 운운하며, 이렇게 당당하게 '사실이 아닌 내용도 가치있다. 뉴스의 흐름을 관리해야 미래 언론환경에서 살아남을 수 있다'는 궤변을 늘어놓으니, 홍정도 아래에 있는 손석희도 '어쩌면 태블릿 PC 따위는 필요 없었는지도 모릅니다'는 헛소리를 할 수 있었을지도 모르겠다.

대한민국에서 가장 역겨운 부류는 바로 '강남좌파'일 것이다. 부자인 부모님 덕으로 잘 살고 있는 사람들이 좌파 코스프레를 한다고 비난할 때 쓰는 말이다. 홍정도가 전형적인 '강남좌파'가 아닐까? 2005년 5월에 중앙일보 전략기획팀에 입사한 홍정도는 4년도 안 지난 2009년 1월에 중앙일보 전략기획팀 이사가 되고, 그 다음해에 상무, 또 다음해에 전무가 된다. 그리고 입사 10년 만에 JTBC와 중앙일보 두 곳 모두의 사장이 됐다. 재벌 3세가 아니면 가능한 일일까?

2018년 5월 22일 미국 백악관에서 도널드 트럼프 미국 대통령과 문재인 대통령이 만났다. 트럼프 대통령은 기자들에게 공개된 질문 시간이 끝났다며, 기자들이 자리를 비켜줄 것을 표현했다. 백악관의 직원들도 기자들에게 나가달라는 말을 크게 하던 상황이었다. 그런데, 이 상황에서 문재인 대통령은 영어를 아는지 모르는지 자신의 오른편에 있던 대한민국의 기자를 바라보며 질문을 계속 이어가도록 했다. 이 상황을 보면서 트럼프 대통령은 농담처럼 한마디를 했다. 기자를 향해 손가락으로 지적하면 한 말은 다음과 같다.

"저 기자는 친정부 기자입니다. 이 둘은 친한 사이입니다."

마치 문재인 대통령과 해당 기자가 짜고 하는 질문과 답변 같은 상황에서 나온 트럼프 대통령의 한마디였다. 그런데 공교롭게도 해당 기자는

트럼프, JTBC 기자에게
친정부 기자라 발언

JTBC의 고석승 기자였다. 물론 트럼프 대통령이 해당 기자가 JTBC 소속인 것을 알고 그런 말을 했을 것으로는 생각되지 않는다. 하지만 공교롭게도 트럼프 대통령이 지적한 '친정부 기자'가 다름 아닌 JTBC 기자였던 상황에 대해 수많은 네티즌들은 캡쳐 사진과 동영상을 각종 SNS에서 공유하며 공감을 나타내기도 했다.

6-11.
'미국 잘못' 주장하는 북한 편드는 언론

2018년 5월 16일 오전 10시에 대한민국과 북한은 고위급회담을 열기로 했다. 그런데 이날 새벽 0시 30분쯤 북한은 남북 고위급회담을 무기한 연기한다고 일방적으로 통보했다. 한미연합 공중훈련인 '맥스선더' 훈련 때문이라는 것이었다. 한국과 미국 공군은 2009년부터 10년째 맥스선더 훈련을 진행했었다. 18년 5월 11일부터 5월 25일까지 2주간 펼쳐진 훈련에서는 F-22 랩터 8대를 비롯해 F-15와 F-16 등 한국과 미국 공군 전투기 100여대가 참가했다. 이미 5월 11일부터 훈련이 진행된 상황이었는데, 북한이 뜬금없이 16일 새벽에 맥스선더를 핑계로 회담 연기를 통보한 것이다.

이날 KBS는 프라임타임 메인뉴스인 9시 뉴스에서 북한의 갑작스러운 태도 변화 이유를 분석하는 리포트를 내보냈다. 해당 리포트의 제목과 기사 내용은 다음과 같다.

'북한, 미국 강경 발언에 정면 대응…남북관계 숨고르기?'(윤진 기자)

> "미국이 핵심 의제인 비핵화는 물론이고 생화학 무기에, 중단거리 미사일, 일본인 납치와 북한이 민감해 하는 인권 문제까지 들고 나오자 불만을 표시했다는 분석입니다."
> "여기에 존 볼턴 미 백악관 국가안보보좌관이 북한 핵무기를 리비아 핵 장비가 보관된 테네시주 오크리지로 가져가 폐기하겠다는 구상도 밝히자 북한으로서는 강한 경고의 필요성을 느낀 것으로 보입니다."
> "미국은 북한의 요구 조건인 적대시 정책 포기, 체제 안전 보장 관련해선 단 한 마디도 하지 않고 있습니다."

말 그대로 미국 때문에 북한이 불쾌한 반응을 보이게 됐다는 분석 기사였다. 이날 MBC는 미국에 대해 비난하는 북한 김계관 외무성 부상의 주장을 내보냈고, SBS 역시 마찬가지였다. 그런데 KBS는 북한 김계관의 주장이 아닌 스스로의 분석 형태의 기사로 내보냈다. 이 차이는 시청자에게 전달되는 측면에서 클 수밖에 없다. 대한민국에서 가장 큰 규모인 지상파 공영방송 KBS가 북한의 남북 고위급회담 연기 이유에 미국의 강경발언이 큰 부분을 차지한다는 분석을 내놓은 것이다. 민주노총 산하 언론노조 KBS본부에 대항하고 있는 KBS공영노동조합은 성명서를 통해서 해당 리포트의 문제점을 지적했다. KBS공영노동조합은 '북한 회담 연기가 미국 때문이라니'라는 성명서를 통해 "북한이 반발하고 회담을 연기하는 것을 미국 탓으로 돌리는 대신, 북한의 변덕과 속임수, 또 진정한 비핵화 의지 등에 대해 보도하는 내용은 그 어디에도 없다"며 KBS의 뉴스에 대해

6. 민주노총에 장악된 대한민국 언론 사례 모음

강하게 비판했다.

6-12.
'북한은 원수'라는 표현이 불편한 MBC

    2018년 6월 25일 MBC는 너무나도 황당한 리포트를 했다. 6월 25일은 다름 아닌 한국전쟁이 터진 날이다. 1950년 6월 25일 새벽 4시 북한군 19만 8천 380명이 일시에 남한으로 내려왔다. 1953년 7월 27일 정전협정이 체결돼 휴전에 돌입할 때까지 3년 1개월 동안 대한민국 민간인 100만 명 이상이 목숨을 잃었다. 한국군 전사자는 13만 8천여 명, 부상자는 45만여 명이었고, 실종자까지 포함하면 60만 9천여 명에까지 이른다. 대한민국을 지키기 위해 멀리서 달려온 유엔군은 전사자가 5만 8천여 명, 부상자는 15만여 명이었고, 실종과 포로 등으로 인한 희생자까지 포함하면 48만여 명에 이르렀다.

    바로 이날 MBC의 프라임타임 메인뉴스인 뉴스데스크에서는 한국전쟁 68주년 기념행사에서 제창된 '6·25의 노래'를 문제 삼는 보도가 나왔다. 기사의 제목과 내용은 다음과 같다.

    〈'원수와 오랑캐'…6·25 노래 불러보니〉(유충환 기자)

6. 민주노총에 장악된 대한민국 언론 사례 모음

수많은 희생자가
나왔던 한국전쟁

"6·25의 노래 제창 순서가 되자 이낙연 총리를 비롯한 참석자들이 따라 부릅니다."
"그런데 가사 중에 북한을 원수라고 표현하는 대목이 등장합니다."
"맨 주먹 붉은 피로 원수를 막아내어~"
"표현 수위는 점점 올라갑니다."
"이제야 갚으리 그 날의 원수를~"
"원수의 하나까지 쳐서 무찔러~"
"참전용사를 기리고 전쟁의 아픔을 잊지 말자는 취지의 노랫말이지만 표현이 불편하다는 반응들이 나왔습니다."
"이참에 평화와 화해의 시대에 맞는 적절한 개사가 필요하다는 지적도 나옵니다."

기가 차서 말도 안 나오는 한심한 리포트이다. 이런 리포트가 MBC 메인뉴스에 당당히 나왔다. 표현이 불편하다는 반응은 기자가 자의적으로 판단한 것인가? 대한민국 국민들을 모아놓고 여론조사라도 한 것인가? 북한의 기습 남침으로 대한민국의 민간인이 100만 명 넘게 희생된 전쟁이 이제는 잊혀져야 하나? 평화와 화해의 시대에 맞는 개사가 필요하다니 제정신인가? 대한민국을 위해 멀리 해외에서 날아와 희생된 미군을 포함한 유엔군 장병들을 어떻게 볼 것인가? 민주노총 산하 언론노조에 맞서고 있는 MBC노동조합은 6월 26일 성명서에서 해당 보도에 대해 다음과 같이 지적했다.

〈"행진하라! 적의 더러운 피로 우리 논밭의 고랑을 적시자!" 프랑스 국가인 '라마르세이유' 가사이다. 프랑스는 지금 전쟁의 시대라 이런 노래를 부르는가? 내년 6월 25일에는 MBC 뉴스데스크가 어떤 가사의 노래를 부르자고 주장할지 두렵다.〉

남북 화해 모드를 위한 문재인 대통령의 과도한 북한 눈치 보기가 걱정되는 요즘이다. 대한민국에서 KBS에 이어 2번째로 규모가 큰 지상파 방송사 MBC가 이렇게 북한에 저자세 보도 행태를 보이고 있다는 점이 개탄스럽기만 하다.

6-13

펜스 미국 부통령을 무례한 사람으로 몰아간 언론들

2018년 2월 9일 마이크 펜스 미국 부통령은 평창 동계올림픽 리셉션장에 참석했다가 5분 만에 행사장을 나섰다. 이 일을 놓고 대한민국의 수많은 언론들은 펜스 부통령이 '외교적 결례'를 했다며 일제히 비난을 쏟아냈다.

〈연합뉴스〉 美펜스, '외교결례' 불구 北김영남 접촉 피해…북미대화 선긋기(김승욱, 박경준 기자)

〈한겨레신문〉 펜스의 무례…'김영남 빼고 악수' 환영식 곧바로 퇴장(성연철 기자)

〈국민일보〉 펜스, 끝내 사전 리셉션 불참… 외교적 결례 지적(강준구, 권지혜 기자)

〈파이낸셜뉴스〉 美펜스·日아베, 北김영남 피하려 文대통령 환영만찬서 '외교 결례'(조은효 기자)

펜스 미국 부통령은 왜 5분 만에 자리를 떠났을까? 펜스 부통령은 대한민국에 도착하기 전부터 "북한 김영남과 마주치지 않도록 동선을 짜 달라"고 대한민국 청와대에 요청한 것으로 알려졌다. 김영남은 북한 최고인민회의 상임위원회 위원장으로 북한에서 김정은에 이어 서열 2위에 해당하는 인물이다. 당시 미국과 북한은 대립 상태였는데, 행여 문재인 정부가 억지로 미국과 북한의 2인자가 악수를 하거나 얼굴을 마주치는 일을 연출하지 말라는 당부였다.

이 같은 당부가 있었음에도 불구하고 문재인 정부는 펜스 미국 부통령을 북한 김영남과 함께 헤드 테이블로 배정했다. 미국의 요청을 보란 듯이 무시한 상황이었다. 펜스 부통령으로서는 대한민국 문재인 정부의 무례한 행위에 대응한 것이라 판단된다. 대한민국 언론들은 미국 펜스 부통령이 무례하고 외교적 결례를 했다고 말했지만, 오히려 대한민국 문재인 정부가 무례한 행위를 한 것이다. 결국 펜스 부통령은 문재인 대통령, 아베 신조 일본 총리와 함께 사진 촬영을 한 뒤 각국 정상들과 악수를 나누고는 5분 만에 퇴장했다. 당연히 북한 김영남과는 악수를 나누지 않았다.

자유한국당은 다음날인 2월 10일 논평을 통해 "동맹국의 의사를 무시하고 문재인 정부가 미국과 북한의 대화를 쇼로 접근하다가 빚어진 사태로 또 하나의 외교 참사"라고 문재인 정부를 비판했다. 이와 함께 자유한국당은 "펜스 부통령이 방한하면서 탈북자와 함께 천안함 전시관을 방문했고, 이 자리에서 자유를 위한 싸움에 미국인들도 마음을 같이 하고 있다고 말했다"고 전했다. 또한 "대한민국 국민은 물론이고 미국마저 바로 보고 있는 북한의 실체를 문재인 대통령과 주사파, 운동권 출신 집권세력만 외면하고 있다"며 비판의 수위를 높였다.

7. 뉴미디어 시대를 찾아서

7-1.
트럼프의 '가짜뉴스와의 전쟁'

　대한민국 사람이 미국 이야기를 하는 것은 어쩌면 미국 사람들이 보기에는 어색할 것이다. 하지만 미국의 상황도 어떤 면에서는 대한민국 상황과 비슷한 측면이 많다. 다만 미국의 좌파와 대한민국의 좌파는 큰 차이를 보인다. 미국의 좌파가 PC 즉 Political Correctness라는 '정치적 정도'를 내세운다면, 대한민국의 좌파는 좀 더 복잡하다. 무엇보다도 대한민국은 북한이라는 대치 상황의 국가가 있기 때문에 특수한 상황이 이어질 수밖에 없다. 앞에서 이미 여러 차례 밝힌 바와 같이 대한민국의 좌파는 NL계열이 큰 부분을 차지하고 있고, NL계열에 대해서는 북한과의 연결성을 빼놓고 이야기할 수 없다. 게다가 대한민국의 좌파 성향 언론은 민주노총이라는 거대 노총과 연결된 상태이다. 이 점이 미국의 좌파 성향 언론과 큰 차이를 보인다.
　그럼에도 불구하고 미국의 주류 언론은 대부분 좌파 성향이라는 점은 그 어느 누구도 부인하지 않을 것이다. 물론 대한민국 언론이 갖고 있는 성향과는 큰 차이를 보이고 있지만 말이다. 물론 민주당은 좌파, 공화당은 우파라는 이분법적인 구분은 바람직하지 않다. 하지만 편의에 의해 이렇게 구분해보도록 하자. 홍지수가 쓴 '트럼프를 당선시킨 PC의 정체'(2017년)에 따르면 2016년 10월 기준으로 미국 언론인들이 힐러리 선거운동본부에 기부한 액수는 38만 2천 달러였고, 트럼프에게 기부한 액수는 1만 4천 달러였다. 27배가 넘는 차이를 보인 것이다. 인디애나 대학 언론학 교수인 라스 윌라트와 데이비드 위버에 따르면 2014년 미국의 언론인은 28퍼센트가 민주당 지지자이고, 8퍼센트가 공화당 지지자이며, 나머지 65퍼센트는 중립이라고 답했다고 했다. 하지만 퓰리처 상 수상자이자 뉴욕타임스의 기자였던 주디스 밀러는 이 주장은 허구이고 나머지 65퍼센트 역시 압도적으로 민주당 성향이고 이는 심각한 좌편향 보도로 이어진다고 주장했다.

그렇다면 미국은 해결책을 어디에서 찾았을까? 바로 주류언론이 아닌 대안언론에서 방법을 찾았다. 2004년 아리아나 허핑턴을 도와 인터넷 신문인 '허핑턴 포스트'를 창간하고 허핑턴의 자료조사국장을 지낸 앤드루 브라잇바트는 우파 성향의 인터넷 신문인 '브라잇바트'를 창간했다. 브라잇바트가 성공할 수 있었던 데에는 바로 대중문화에 대한 관심이었다. 미국의 우파 역시 대한민국의 우파와 마찬가지로 고귀한 이념만 중요시하는 측면이 있었던 것이다. 하지만 브라잇바트는 대중문화를 절대로 무시하면 안 된다는 사실을 잊지 않았다. 할리우드의 주류인 좌파 성향에 동조하지 않는 사람들을 돕기 위해 '빅 할리우드'라는 웹사이트를 시작했다. 이는 대한민국의 우파 성향 대안언론들도 반드시 배워야할 부분이다.

2016년 미국 대통령에 당선된 도널드 트럼프는 스티브 배넌을 백악관 전략 참모로 임명했다. 스티브 배넌은 다름 아닌 '브라잇바트 뉴스'의

회장을 했던 인물이다. 앤드루 브라잇바트는 2012년 3월 아침 자택 근처에서 걸어가던 중 갑자기 쓰러져 병원으로 옮겨졌지만 숨졌다. 로스앤젤레스 카운티 검시관은 부검결과 심근경색으로 숨졌다고 밝혔다. 그의 죽음을 둘러싸고 온갖 소문들이 오가기도 했지만, 어쨌든 좌파 성향 주류 언론에 맞섰던 그가 트럼프의 당선까지 못 봤다는 사실은 안타깝다.

2019년 5월 브라잇바트 뉴스의 유튜브 구독자 수는 12만여 명이다. 오히려 최근에는 브라잇바트 뉴스보다 알렉스 존스 채널이 더 큰 인기를 끌고 있는 듯하다. 2018년 8월 강제로 채널이 닫힌 알렉스 존스 채널은 무려 241만여 명의 구독자들을 보유하고 있었다.

주류 언론인 CNN의 유튜브 구독자가 당시 420만여 명, ABC 뉴스가 410만여 명, FOX 뉴스가 143만여 명, CBS 뉴스가 81만여 명, NBC 뉴스가 77만여 명이라는 점을 봐도 대안 뉴스에 해당하는 알렉스 존스 채널이 얼마나 굉장한 구독자를 보유했는지를 알 수 있다.

7. 뉴미디어 시대를 찾아서

7-2.
대항 노조 설립의 필요성

대한민국 언론 현실은 미국의 언론 현실과 큰 차이를 갖고 있다. 바로 민주노총이라는 연결고리가 있기 때문이다. 대한민국의 대다수 언론인들이 민주노총 산하 언론노조 소속이고, 이들에 의해 대한민국 여론이 흘러가고 있다.

이미 민주노총 산하 언론노조는 1987년 '6월 항쟁'의 바로 다음해인 1988년부터 시작해 30년 이상의 긴 역사를 갖고 있다. 오랜 기간의 역사만큼이나 민주노총은 거대한 권력을 가지고 있고 대한민국 언론사들은 이들에게 끌려 다닐 수밖에 없었다. MBC는 다른 어느 언론사들보다 언론노조의 영향력이 강력한 상황이었다. 하지만 2013년 3월 6일 MBC노동조합이 설립되면서 민주노총 산하 언론노조에 대항할 수 있는 구심점이 만들어졌다. 이것은 사실 대단히 중요한 사건이다. 구심점이 있고 없고는 차이가 클 수밖에 없기 때문이다. 앞서 밝힌 바와 같이 민주노총 산하 언론노조 MBC본부는 1988년 이후 파업을 통한 투쟁을 꾸준히 이어왔다. 우파 정권인 노태우 정부 때는 90일의 파업을 했는데, 1988년과 1989년,

1992년에 파업을 했다. 역시 우파 정권인 김영삼 정부 때는 36일 파업을 했는데, 1996년과 1997년에 파업을 했다. 좌파 정권인 김대중 정부 때는 15일 파업을 했는데, 1997년 한차례였으며, 정권 비판이 아닌 방송법 개혁 요구와 관련된 파업이었다. 김대중 정부보다 더 좌파 성향이 강했던 노무현 정부 때는 단 하루의 파업도 없었다. 다시 우파가 정권을 잡은 이명박 정부 때는 무려 232일간 파업을 진행했는데, 2008년과 2009년, 2010년과 2012년에 파업을 했다. 이명박 대통령 5년 임기 동안 12.7%에 해당하는 시간을 파업으로 보냈다.

이렇게 강성 노조가 장악하고 있던 MBC에서 큰 변화가 있었다. 바로 대항노조가 생겼기 때문이다. 2013년 3월 6일 MBC노동조합이 설립됐고, 조합원은 160여 명까지 늘어나기도 했다. 민주노총 산하 언론노조에 대항하는 구심점이 생기면서 언론노조 MBC본부는 이전과 달리 파업으로 회사 경영진을 압박하는 방식의 투쟁을 사용하지 못했다. 2013년 2월 25일 박근혜 대통령이 취임했다. 이명박 정부보다 한층 더 우파 성향이 강한 정부가 취임했다. 당연히 민주노총 산하 언론노조가 투쟁의 수위를 높이는 분위기였지만, 실제 파업과 같은 과격한 투쟁으로 이어지지는 못했다.

민주노총 산하 언론노조 MBC본부는 2017년 9월 4일에 파업을 했다. 문재인 정부는 2017년 5월 10일에 출범했다. 우파 정권인 박근혜 정부 때는 단 한차례의 파업도 하지 못했던 민주노총 산하 언론노조 MBC본부가 오히려 좌파 정권인 문재인 정부가 출범하자 드디어 파업을 한 것이다. 이유는 바로 박근혜 정부 때 임명된 김장겸 MBC 사장을 물러나게 하기 위해서이다. 결국 앞에서 이미 밝힌 것처럼 방송문화진흥회 이사진 교체를 통해 김장겸 사장은 11월 13일 해임됐다. 그리고 언론노조 MBC본부는

7. 뉴미디어 시대를 찾아서

김장겸이 사장직에서 쫓겨나고 이틀 뒤인 2017년 11월 15일 파업을 중단했다. 우파 정권인 박근혜 정부 때는 단 한 차례도 파업을 못하고, 좌파 정권인 문재인 정부가 들어서자마자 71일간의 파업을 했다는 것은 무엇을 의미할까? 이는 바로 MBC노동조합의 존재 때문이었다. 160여명의 조합원이 있는 노동조합의 존재는 언론노조 MBC본부의 파업 동력을 잃게 하는 역할을 했다. 파업을 하더라도 방송은 유지될 수 있는 수준이었기 때문이다. 그 전까지는 파업을 하면 방송이 파행될 수밖에 없었기 때문에 회사 경영진이 파업에 휘둘릴 수밖에 없었다. 하지만 MBC노동조합의 존재만으로도 무조건적인 파업 투쟁이 효과를 볼 수 없다는 것을 증명한 것이다. 물론 이 같은 저지선은 문재인 정부가 들어서고 좌파 성향 경영진이 들어올 수밖에 없는 상황이 이어지면서 무너지게 됐다.

그렇다면 여기서 알 수 있는 대목은 무엇일까? 바로 모든 언론사에 대항노조가 있어야 한다는 것이다. 대항노조가 없다면 대한민국 언론은 민주노총 산하 언론노조에 끌려 다닐 수밖에 없다. 대한민국 모든 언론인들이 좌파 성향일 것이라고 생각하지는 않는다. 다만 선후배 위계질서가 뚜렷하고 연공서열을 중요시하는 대한민국의 사회 분위기에서 선배들이 속한 노동조합에 동조하지 않기는 어렵다. 대한민국 사람들은 특히 다른 사람의 시선에 신경을 쓰는 경우가 많다. 일본처럼 혼자서 밥을 먹는 일은 대한민국에서는 쉽게 보기 어렵다. 그렇기 때문에 더더욱 대항노조는 필요하다. 대항노조에서 선후배를 만나고 함께 의지할 수 있을 때, 자신의 선택권이 보장될 수 있기 때문이다.

7-3.
대한민국 대안언론 상황

현재 대한민국에서 대표적인 우파 성향의 대안언론으로는 정규재TV를 꼽을 수 있다. 정규재TV는 2019년 5월 현재 유튜브에서 45만여 명이 구독 중이다. 정규재는 한국경제신문에서 기자 생활을 계속 이어왔다. 2012년 2월 13일부터 한국경제신문에서 논설위원을 하면서 정규재TV라는 1인 방송을 시작했다. 우파 성향인 정규재는 좌파 성향이 강한 다른 언론사의 보도 내용에 대한 비판을 당당히 내세우면서 높은 인기를 끌기 시작했다. 그런 가운데 정규재TV가 전국민적인 관심을 끌게 되는 큰 사건이 있었다. 바로 2017년 1월 25일 박근혜 대통령이 정규재TV와 단독 인터뷰를 진행한 것이다. 이때는 박근혜 대통령에 대한 탄핵심판이 진행 중이었기 때문에 모든 사람의 관심이 모아질 수밖에 없었다. 박근혜 대통령이 대한민국 국민들을 향해 자신을 공개적으로 변호할 수 있는 중요한 기회였다. 박근혜 대통령은 KBS, MBC, SBS, YTN도 아니고 조선일보, 중앙일보, 동아일보도 아닌 바로 정규재TV를 선택했다. 박근혜 대통령과 정규재의 1시간 분량 인터뷰는 2018년 7월 220만여 명이 본 것으로 기록

정규재-박근혜 인터뷰 장면

될 정도로 높은 관심을 이끌어냈다.

정규재 만큼이나 우파진영에서 인기가 있는 언론인으로 조갑제가 있다. 조선일보의 월간지인 월간조선 출신인 조갑제는 2005년부터 조갑제닷컴이라는 자체 언론사를 운영해왔다. 2019년 5월 조갑제TV는 23만여 명의 구독자를 보유하고 있다. 정규재와 조갑제에 비해 다소 젊은 세대인 황장수와 변희재도 우파 성향 인터넷 방송을 진행하고 있는데, 황장수가 운영하는 '황장수의 뉴스브리핑'은 2019년 5월 유튜브 구독자가 39만여 명이고, 변희재가 운영하는 '미디어워치TV'는 구독자가 13만여 명이다. 변희재는 '손석희의 저주'(2017년)이라는 책을 쓴 인물로 박근혜 대통령을 탄핵에 이르게 한 JTBC의 단독보도와 관련해 의혹을 집중적으로 취재했다. 2018년 5월 24일 서울중앙지방검찰청 형사1부는 'JTBC의 태블릿PC 보도가 조작됐다'고 주장한 변희재가 손석희 JTBC 사장 등의 명예를 훼손했다며 구속영장을 청구했다. 변희재의 담당 변호사였던 강용석은 "대검찰청 '2017년 범죄분석 통계 자료' 중 '범죄자 구속·불구속상황'에 따

JTBC의 보도에 대해
문제점을 제기해
구속된 변희재

르면, 2016년 명예훼손 범죄자 1만7401명 중에서 구속된 사람은 난 15명으로 검찰이 '0.086%의 확률'에 도전 한다"며 구속영장 청구의 부당함을 주장했다. 하지만 5월 29일 서울중앙지방법원은 변희재에 대한 구속영장을 발부했고, 변희재는 서울구치소에 수감 됐다가 풀려났다. 재판이 진행 중인 상황에서 명예훼손과 관련해 사람을 미리 감옥에 처넣어 구속시키는 상황이 납득하기 쉬운가? 게다가 변희재는 언론인인데 말이다. 언론인인 변희재가 다른 언론인인 손석희에 대해 의혹을 제기했다고 해서 감옥에 처넣는 일이 과연 올바른 법원의 판단이었는지는 앞으로 역사가 판단해줄 것이다.

대한민국의 우파 성향 인터넷 언론으로 '신의 한수'도 주목할 만하다. 2019년 5월 기준 71만여 명이 구독하고 있다. 특히 '신의 한수'가 주목을 받게 된 데에는 2017년 대통령 선거가 한 몫을 했다. 2017년 3월 10일 오전 11시 박근혜 대통령이 헌법재판소로부터 파면 결정을 받으며 탄핵되자 대한민국은 갑작스럽게 대선 정국으로 뒤바뀌었다. 자유한국당은 급

7. 뉴미디어 시대를 찾아서

하게 대선후보를 결정해야 했고, 2017년 3월 31일 대선 후보가 홍준표로 결정됐다. 2017년 5월 9일 대선까지 한 달 여밖에 남지 않은 상황이었다. 홍준표는 자신의 대통령 선거 유세에 '신의 한수'를 밀착 취재할 수 있도록 했다. 이는 굉장한 특권이었다. '신의 한수'의 대표이자 진행자인 신혜식은 홍준표 자유한국당 대선후보를 가장 가까운 거리에서 취재하고 라이브 중계를 하면서 우파 성향 지지자들에게 홍준표의 연설 한마디 한마디를 전달했다.

대한민국에서 유튜브의 영향력은 갈수록 커지고 있다. 2018년 6월 28일 기자협회보 보도에 따르면, 유튜브에 뉴스 콘텐츠를 올리는 방송사들이 늘어나고 있다. 2013년에 YTN이 가장 발 빠르게 유튜브에 뉴스 콘텐츠를 올린데 이어 JTBC와 SBS가 뒤를 따랐고, 2018년부터 MBC와 KBS가 뉴스를 유튜브에 올리고 있다고 보도했다. 방송사 관계자들은 자사 콘텐츠 영향력을 확대하기 위해 유튜브에 뉴스 영상을 제공한다고 설명했다. 특히 텔레비전보다 유튜브에 열광하는 이른바 'Z세대' 즉, '1995년 이

'신의 한 수' 신혜식과 홍준표 자유한국당 대선 후보 사진

후 태어난 세대'의 특성에 따라 각 방송사들의 유튜브 진출이 불가피하다는 설명도 기자협회보는 전했다.

이처럼 대한민국에서는 남녀노소할 것 없이 모두 다 지니고 있는 스마트폰의 영향력이 갈수록 커질 수밖에 없다. 텔레비전과 신문의 힘은 약해질 것으로 전망된다. 따라서 대안언론의 힘 역시 갈수록 더 확대될 것으로 예상되고 있다. 대한민국 언론은 지난 30여 년간 민주노총 산하 언론노조에 장악돼왔지만, 스마트폰 시대가 열리면서 이들의 영향력에서 벗어날 수 있는 기회가 열린 것이다.

7-4.
보수 진보 프레임에서 벗어나야

보수와 진보, 그리고 우파와 좌파 용어 논쟁은 대한민국뿐만 아니라 전세계적으로 널리 퍼져있다. 대한민국에서 보수는 고리타분한 이미지가 있고, 진보는 미래를 향해 나가는 혁신적인 이미지가 있다. 이런 이미지가 대한민국 젊은이들이 보수에 거부감을 느끼게 되는 이유 중에 하나이다. 가장 최근에 탄핵돼 감옥에까지 간 박근혜 대통령을 비롯해 대한민국의 대통령들은 단 한명도 파란만장한 삶을 살지 않은 사람이 없다. 어찌 보면 이게 바로 대한민국의 비극일지도 모르겠다.

노무현 역시 굉장히 파란만장한 삶을 살았다. 그리고 그의 죽음조차도 예사롭지 않았다. 대통령 임기가 끝난 뒤, 노무현은 나이키 운동화 등을 만드는 태광실업의 박연차 회장에게 2억 원짜리 피아제 시계를 받고, 노무현의 아들 노건호 측에게 5백만 달러를 송금하도록 했는지 등과 관련한 검찰 조사를 받았다. 그리고 2009년 5월 23일 경남 김해시 봉화산 부엉이 바위에서 투신자살했다. 노무현의 투신자살은 남상국 대우건설 사장의 투신자살과 연결되는 측면이 있다.

노무현은 대한민국 역사상 최초로 국회로부터 탄핵 소추를 당해 대통령 직무가 정지됐던 인물이다. 2004년 3월 12일 좌파 성향인 새천년민주당이 노무현에 대한 탄핵소추안을 제출했고, 우파 성향인 한나라당과 자유민주연합이 동조해 찬성 193표, 반대 2표라는 압도적인 표차로 탄핵소추안을 통과시켰다. 노무현 대통령이 언론사와의 기자회견 등에서 열린우리당을 지지하는 발언을 해서 선거중립의 의무를 어겼다는 이유에서 시작했다. 새천년민주당은 노무현을 대통령으로 만든 정당이었는데, 여기서 분리돼 나온 열린우리당을 노무현이 지지한다고 하니, 분노를 하던 상황이었다. 원래 우파성향인 자유민주연합은 새천년민주당이 주도하던 탄핵안에 반대하던 입장이었다. 그런데 2004년 3월 11일 상황이 급반전됐다. 이날 노무현은 특별 기자회견을 열었다. 남상국 대우건설 사장이 노무현의 형인 노건평에게 3천만 원을 건넸다는 의혹이 제기된데 대해 "좋은 학교 나오고 크게 성공한 사람이 시골에 있는 사람에게 가서 머리 조아리고 돈 주고 하는 일이 없으면 좋겠다"며 남상국을 공개적으로 비난했다. 대한민국 대통령이 전국민을 상대로 생방송 기자회견을 통해 특정 기업의 사장을 모욕한 상황이 벌어진 것이다. 그리고 이날 남상국 사장은 서울 한남대교에서 투신자살을 했다. 이 상황을 지켜본 자유민주연합도 노무현의 행태에 분노하면서 탄핵에 찬성하는 입장으로 돌아섰고, 바로 다음날 국회에서 노무현 탄핵소추안이 통과된 것이다. 하지만 국민들은 대통령 선거로 당선된 대통령을 국회의원들이 탄핵할 수 있느냐며 반발했고, 이는 2004년 4월 15일에 있었던 국회의원 총선거에서 열린우리당의 압승으로 이어졌다. 그리고 2004년 5월 14일 오전 10시 헌법재판소는 탄핵심판을 기각하기로 결정했다. 2017년 3월 10일 오전 11시 헌법재판소가 박근혜 대통령의 탄핵을 결정했던 것과 대조적이다.

어쨌든 2004년 3월 12일 국회에서 탄핵소추안이 통과되면서 노무현의 대통령 직무가 정지됐었고, 5월 14일 헌법재판소의 기각 결정으로 대통령 직무에 복귀했다. 그가 어떠한 입장을 나타낼지에 관심이 모아졌다. 2004년 5월 27일 노무현은 연세대학교에서 대학생들을 상대로 한 2시간 특별강연을 통해 첫 대외활동을 펼쳤다. 그리고 상당히 의미심장한 발언들을 마구잡이로 쏟아냈다.

"합리적 보수, 따뜻한 보수, 별놈의 보수 다 갖다 놔도 보수는 '바꾸지 말자'다."

"보수는 힘 센 사람이 좀 마음대로 하자, 경쟁에서 이긴 사람에게 거의 모든 보상 주자, 적자생존 철저히 적용하자, 약육강식이 우주섭리 아니냐는 쪽에 가깝다."

"한국에서는 뻑하면 진보는 좌파고 좌파는 빨갱이라고 하는데 이는 한국 사회의 진보를 가로막는 암적인 존재다."

노무현 대통령이 '보수'를 어떻게 바라보는가를 명확하게 보여주는 말들이었다. 대통령의 입에서 '놈'이라는 표현이 나오는 것도 놀랍지만, 보수는 '바꾸지 말자'라는 시각을 대학생들에게 당당하게 말했다는 것 자체가 충격적이다. 대한민국의 대통령이 이렇게 세상을 이분법적으로 보고, 보수를 바라보는 왜곡된 관점을 갖고 있다는 게 참으로 안타까웠다. 대통령이 이런 시각일 정도이니 일반적인 사람들의 시각은 더더욱 어떻겠는가? 그렇다면 대한민국에서 보수의 의미를 설명하는 게 쉬울까? 아니면 보수라는 용어 대신 우파라는 용어를 사용하는 게 더 효과적일까?

대한민국의 역사를 보면, 우파가 진보적이고, 좌파가 보수적이라고 말하는 게 더 맞을지도 모른다. 대한민국에서 우파는 자유시장경제와 도시의 확장, 세계주의를 중요시하고, 좌파는 부의 평등분배와 농촌, 민족주의를 중요시하는 측면이 강하다. 대한민국 발전이 이뤄지는 데에는 경부고속도로 건설이 중요한 영향을 미쳤다. 서울과 부산이 연결되는 일은 대한민국 전체의 발전으로 이어지기 때문이다. 우파 성향의 박정희 대통령이 경부고속도로를 건설하는 일이 과연 보수적이었을까? 아니면 진보적이었을까? 그리고 농촌 지역의 균형발전을 주장하며 경부고속도로 건설을 반대했던 좌파 성향의 김대중 당시 신민당 국회의원이 보수적이었을까? 아니면 진보적이었을까? 1700년대 영국 정치에서 나온 보수라는 의미가 대한민국에도 적용되는 것이 과연 바람직한 일일까? 관행적으로 미국에서도 보수와 진보가 쓰인다고 해서 대한민국에까지 적용되어야할 필요는 없을 것 같다. 그럼에도 불구하고 대한민국 언론들은 지겨울 정도로 우파는 보수, 좌파는 진보라고 용어를 정해서 보도하고 있다. 좌파들은 자신들을 좌파라고 부르는 것에 대해 경기를 일으키며 거부 반응을 나타낸다. 2004년 5월 27일 노무현이 연세대학교 학생들을 상대로 말한 것처럼 좌파라는 말 자체를 '빨갱이'라는 말로 받아들인다. 당시 노무현 대통령이 우파와 좌파라는 용어는 사용하지 말고, 반드시 보수와 진보라는 용어를 사용해야 한다고 지시를 내린 것 같다는 생각이 들 정도이다.

우파와 좌파는 오히려 가치판단이 없는 용어이고, 보수와 진보는 가치판단이 포함된 용어이다. 그런데 대한민국 좌파들은 좌파는 곧 '빨갱이'라는 의미라면서 좌파라는 단어를 사용하지 못하도록 한다. 대한민국 언론사들은 좌파들의 주장에 따라 철저하게 우파와 좌파라는 용어를 사용하지 않고, 보수와 진보라는 용어만 사용한다. 그러면서도 국제뉴스에서 외국 정부에 대해 이야기할 때는 우파 정권, 좌파 정권이라는 표현을 사용하는 이중성을 보여주고 있다. 또한 우파 시민사회단체를 비하할 때에는 '극우 단체'라는 표현을 사용하고 있다. 이럴 때는 왜 '극보수 단체'라는 표현을 쓰지 않는 것일까? 언론사들의 이중성을 볼 수 있는 대목이다.

2017년 대통령 선거 당시 홍준표 후보는 보수와 진보라는 표현 대신 우파와 좌파라는 표현을 사용했다. 대통령 선거가 끝난 뒤, 자유한국당 대표가 된 홍준표는 한 예능프로그램에 출연했다. 2017년 7월 25일 방송된 KBS '냄비받침'이라는 프로그램에서 홍준표는 개그맨 이경규에게 이렇게 말한다.

"나는 오래전부터 '보수, 진보'라는 말보다 '우파, 좌파'라고 구분하는 것을 선호한다."
"보수는 낡은 수구세력의 유물 같지만, 진보는 젊은 청년들이 좋아할 만한 단어다."
"우파는 자유를 중심 가치로 삼고, 좌파는 평등을 중심 가치로 삼는 집단으로 개념 정리부터 돼야 한다."

백번 맞는 말이다. 하지만 언론은 끝까지 보수와 진보라는 구분법을 내려놓지 않고 있다. 심지어 조선일보 등 이른바 우파 성향 언론조차도 보수와 진보라는 구분을 계속 이어가고 있다. 이는 반드시 극복해야할 문제이다. 조선일보의 행태는 아마도 고집이라고 생각한다. 다른 좌파 성향 언론과는 조금 다른 문제이다. 현진권, 김인영 등이 쓴 '용어전쟁'(2016년)에 따르면, 언어 사용에서 진보는 '앞으로 나아감'을 의미하고, 보수는 '정체됨'을 의미하기 때문에 보수는 출발부터 수세적 위치에 처해있다. 그리고 진보는 용어에 내재돼 있는 긍정적 가치와 발전 혹은 나아짐을 원하는 인간 본성의 요구에 맞추는 특성 때문에 보수보다 우위에 있다. 따라서 보수는 반드시 우파, 진보는 반드시 좌파라고 언론에서 사용돼야만 한다. 과연 이런 변화가 대한민국 언론에서 쉽게 이뤄질 수 있을까? 방법은 오직 하나뿐이다. 대한민국 우파정당이 자신들을 보수라고 부르는 것을 적극적으로 거부하고 나서야만 한다. 최근 대한민국 우파정당들은 보수우파라는 용어를 사용한다. 참으로 한심한 모습이다. 우파라는 용어를 사용하면서 보수를 혼용하고 있는 것이다. 그렇다면 우파는 진보적이지 않다는 것을 스스로 인정하는 것인가? 우파를 사용하겠다고 하면 보수라는 용어는 철저하게 버려야 한다. 그리고 오히려 스스로를 진보우파라고 불러야 한다. 이게 바로 바른 이름 찾기 운동, 즉 정명운동이다. 대한민국 우파정당이 적극적으로 정명운동을 하지 않는다면, 우파정당은 영원히 좌파정당에 밀리는 상황을 맞이할 수밖에 없을 것이다.

8. 마무리하며

박종철 고문치사 사건으로 시작된 1987년 '6월 항쟁'은 대한민국의 흐름을 크게 바꾸었다. 마르크스-레닌주의를 신봉하며 계급투쟁을 중요시했던 PD계열의 박종철이었지만, 그의 죽음으로 대한민국 학생운동은 북한 주체사상파와 연결되는 NL계열이 주도권을 잡게 됐다.

PD계열 역시 소련식 공산혁명을 꿈꾼다고 하지만 NL계열은 계급투쟁 보다는 민족을 중심으로 한 남북연합이 중요한 부분을 차지한다는 측면에서 좀 더 북한과의 연관성이 강조되고 있다.

무엇보다도 PD계열과 달리 NL계열은 포퓰리즘과 인기영합주의를 과감하게 수용한다는 측면에서 더욱 무서운 폭발력을 가지고 있다.

1987년 '6월 항쟁'에 참여했던 인물들은 이후 모두들 사회에서 중요한 위치에 각자 흩어지면서 대한민국의 나아갈 방향을 잡아가는 역할을 했다.

이들이 바로 386세대이다. 1997년도쯤에 나온 용어인데, 2019년 기준으로 한다면, 현재 50대 나이에 1980년대 대학교 학번, 그리고 1960년대 출생자를 뜻하는 의미다.

NL계열은 대한민국과 북한을 구분하기 보다는 하나의 민족을 중요시한다. 이 때문에 이들의 핵심 포인트는 바로 '반미'와 '통일'이다. NL계열 내부에서는 주체사상파 즉 주사파가 있다.

주사파는 현재 북한의 지도자인 김정은의 아버지 즉, 김정일이 집대성한 '주체사상'을 따르는 사람들이다. NL계열 내부의 주사파가 얼마나 북한과 가까운 관계인지를 보여주는 부분이다.

불과 몇 년 전인 2014년 12월 19일에는 대한민국 헌법재판소가 NL계열 국회의원들이 모여 있던 통합진보당에 대해 정당 해산 결정을 내렸다. 통합진보당 소속이었던 이석기 국회의원은 "혁명의 날이 다가오고 있다"며 "통신과 석유 비축 시설, 그리고 철도를 습격할 준비를 하라"고 지시를 내리기도 했다.

1987년 '6월 항쟁' 이후 NL계열이 학생운동의 중심에 서면서 반미운동은 본격화됐다. 1989년에는 전국대학생연합 소속 반미구국결사대가 주한 미국 대사관저를 점거하고 사제폭탄을 터뜨리는 테러를 저질렀다. 문제는 이런 폭력적인 행위를 했던 NL계열 운동권 출신들이 1997년 좌파정권인 김대중 정부가 들어서면서 대거 정부 요직에 들어왔다. 그리고 이들은 각 언론사에서도 기자로 활동하면서 자신의 맡은 바 임무를 열심히 수행했다.

대한민국에서 반미주의가 가장 널리 확산된 시기는 바로 김대중 정부 때였다. 대한민국 언론사들은 한국전쟁 당시 미군이 대한민국 피난민들을 학살했다는 이른바 '노근리 사건'을 연일 보도하며 반미감정을 확산

시켰다. 시민단체인 녹색연합은 주한미군이 포름알데히드를 한강에 몰래 방류했다며 반미주의를 퍼뜨렸다. 그리고 영화감독 봉준호는 '괴물'이라는 영화에서 주한미군을 비꼬는 장면을 넣었다. 2002년 솔트레이크 올림픽에서 미국의 쇼트트랙 국가대표 안톤 오노는 대한민국 국민들에게 '공공의 적'이 됐고, 오노에 대한 분노는 미국에 대한 분노로 이어졌다. 하지만 무엇보다도 2002년 6월 13일 여중생 심미선과 신효순양이 미군 장갑차에 깔려 숨지는 사고가 나면서 대한민국 국민들은 촛불을 들고 미국을 비판했다. 불과 며칠 뒤인 6월 29일엔 대한민국 해군이 북한군의 공격으로 6명이 전사하는 큰 사건이 벌어졌지만, 대한민국은 이들을 외면했다. 김대중 대통령은 바로 다음날 브라질과 독일의 월드컵 결승전을 관람하기 위해 일본 요코하마로 떠났다.

2008년에는 때 아닌 미국산 소고기 논쟁이 벌어지며 촛불시위가 이어졌다. 미국산 소고기를 먹으면 사람들의 뇌에 구멍이 뚫리는 인간 광우병에 걸린다는 괴담이 너무나 당연하게 퍼졌다. 이런 황당한 괴담이 퍼진 데에는 대한민국에서 2번째로 큰 방송사인 MBC의 방송 보도가 큰 영향을 미쳤다. 하지만 현재 대한민국 국민들은 미국산 소고기를 아주 좋아하고 있으며 현재까지 미국산 소고기를 먹고 뇌에 구멍이 뚫렸다는 이야기는 들리지 않고 있다.

문재인 대통령이 취임하고 NL계열 운동권 출신 인사들이 정부의 중요한 자리를 차지하고 있다. 정부와 언론 그리고 법원과 변호사 집단, 교육단체까지 NL계열은 광범위하게 각 요직을 굳건히 지키고 있다. 대한민국 언론은 민주노총 산하 언론노조가 장악한 상황이다. 민주노총 내부에도 역시 NL계열이 널리 퍼져있다. 대한민국에서 가장 큰 영향력을 갖고 있는 포털사이트인 네이버에서도 역시 직원들이 민주노총 노조원으로 가입하고 있는 상황이다. 대한민국의 주요 권력은 NL계열이 큰 영향력을 펼치고 있는 민주노총이 쥐고 있다. NL계열의 핵심은 바로 '반미'와 '민족'이다.

대한민국 언론은 너무나 뻔뻔하게도 북한 김정은 정권 찬양을 하고 북한 주민들에 대한 인권 탄압은 무시하는 모습을 보이고 있다. 2018년 6월 주류언론에 속하는 한국일보는 '한반도 평화가 북한 인권보다 우선이다'라는 기사까지 내보냈다. 2018년 4월 MBC는 '대한민국 국민 10명중 7명이 김정은을 신뢰 한다'는 기사도 내보냈다. 살인마 독재자 김정은을 추켜세우는 것도 모자라 대한민국 언론들은 김정은의 여동생인 김여정까지 추켜세웠다. 이른바 '백두혈통'이라는 말까지 제목으로 뽑으며, 21세기인 지금이 왕정 사회인가 의심될 정도의 글들이 자연스럽게 나왔.

미군이 한반도에 사드를 배치하려고 할 때는 사람들이 피해를 입을 것이라는 언론 보도가 이어졌고, 대한민국 좌파 성향 국회의원들은 사드 레이더 전자파에 '몸이 튀겨진다'는 괴담까지 퍼뜨렸다.

2018년 2월 9일 평창 동계올림픽 당시 마이크 펜스 미국 부통령이 북한 김영남과의 강제 접촉을 하지 말아달라는 부탁을 했지만, 문재인 대통령은 이런 펜스 부통령의 요청을 무시했다. 김영남과 펜스 부통령을 한 테이블에 배치했다. 그리고 펜스 부통령은 5분 만에 행사장을 나갔는데, 이를 놓고 대한민국 언론은 오히려 미국이 외교적 결례를 했다며 펜스 부통령을 비난했다.

이제 대한민국 언론은 '반미'와 '친북'으로 이어지는 NL계열의 흐름에서 벗어나야만 한다. 새로운 미디어 환경이 이 문제를 자연스럽게 해결

할 수도 있을 것으로 보인다. 스마트폰 보급률이 매우 높은 IT강국 대한민국에서 초등학교 다니는 어린 아이에서부터 80대 노인에 이르기까지 스마트폰으로 유튜브 동영상을 보지 않는 사람은 없다. 오히려 정해진 시간에 자리에 앉아서 텔레비전 뉴스를 보거나 신문을 사서 기사를 읽는 모습은 거의 보기 어렵다. 민주노총 산하 언론노조가 장악한 대한민국 언론이 이제 더 이상 영향력을 발휘할 수 없는 시대가 다가오고 있다.

결국은 콘텐츠가 중요한 사회가 열리는 상황에서 이제는 NL계열에 장악되지 않은 대안언론이 하루 빨리 성장해야만 할 것이다. '반미'와 '친북'을 내세우는 NL계열은 유튜브 등 대안언론에도 반드시 역량을 집중적으로 투입할 것이다. 이 때문에 우파진영에서도 발 빠르게 대안언론에 적합한 콘텐츠를 개발하는데 집중적인 노력을 펼쳐야 할 것이다.

참고문헌

1. 《미친언론》, 성창경, 2018
2. 《미디어 심리학》, 나은영, 2016
3. 《꼰빠이 386》, 남정욱, 2014
4. 《반미를 해부한다》, 심양섭, 2010
5. 《현장기록, 방송노조 민주화운동 20년》, 새언론포럼, 2008
6. 《반미주의로 보는 한국 현대사》, 데이비드 스트라우브, 2017
7. 《그들은 어떻게 주사파가 되었는가》, 이명준, 2012
8. 《NL 현대사》, 박찬수, 2017
9. 《좌파정권 10년 방송은 이런짓들을 했다》, 최도영, 김강원, 2013
10. 《트럼프를 당선시킨 PC의 정체》, 홍지수, 2017
11. 《손석희의 저주》, 변희재, 2017
12. 《민변의 궤변》, 조형곤, 2014